梦山书系

与美国国家年度教师
面对面

高 靓 ◎ 著

海峡出版发行集团 | 福建教育出版社

目　录

序：寻找优秀教师的共同基因 …………………………… 001

第一章　2013年　杰夫瑞·沙博诺：
　　　　　学生第一，教学第二 …………………………… 001

　教育人生： 他的字典里没有"不能" \ 002
　教学秘籍： 鼓励过程失败，拒绝结果失败 \ 005
　　制造机器人并不难 \ 005
　　帮学生找回刚上学时的热情 \ 008
　　伟大的教师不允许失败 \ 009
　　帮学生找回自信 \ 011
　　课堂视频让家长不再是局外人 \ 014
　教育理念： 创造学习者的天堂 \ 015
　　欢迎回到天堂来 \ 015
　　学生第一，教学第二 \ 018
　　不只培养科学家，而是培养一代人 \ 019
　教师寄语： 不要怀疑你拥有的影响力 \ 021
　启示： 自信也是教师的珍贵礼物 \ 023

第二章　2012年　丽贝卡·米沃奇：
　　让学习成为一件快乐的事 ……………………………… 025

　　教育人生：我没有马上接电话，但最终拿起了听筒 \ 027
　　教学秘籍：站在巨人的肩膀上 \ 029
　　　你的任务是要让孩子眼前一亮 \ 030
　　　放手让学生自己选择 \ 031
　　　教育不是远离生活的抽象世界 \ 033
　　　老师也可以成为幽默大师 \ 034
　　教育理念：责任是伟大的价值所在 \ 036
　　　变革依赖于实践者 \ 037
　　　好老师不会对考试避而不谈 \ 039
　　　别让论资排辈浇灭教师士气 \ 040
　　　未来教师应由了解中小学的人培养 \ 041
　　　打开教室的大门 \ 042
　　教师寄语：给新教师的九条妙计 \ 044
　　　启示：当好老师没有捷径 \ 048

第三章　2011年　米歇尔·谢尔：
　　"普林斯顿毕业生"和"教师"同样令人骄傲 ………… 051

　　教育人生：从普林斯顿大学到县立高中 \ 052
　　教学秘籍：唤起学生心底沉睡的科学家 \ 055
　　　在日用品中发现化学 \ 055
　　　像真正的化学家那样做实验 \ 057

课堂是老师的一面镜子 \ 058
与其重视缺陷，不如看到优势 \ 060
教育理念：让教师发挥人性的力量 \ 062
美国公立教育的挑战 \ 062
提高教师待遇 \ 064
在分数和能力之间寻求平衡 \ 066
当今教育急需正能量 \ 068
教师寄语：好老师都是一样的 \ 070
启示：讲台是教师的荣誉 \ 072

第四章 2010年 莎拉·布朗·韦斯林：
  创造"没有一天令人厌倦"的课堂 ························· 075

教育人生：今生注定的理想职业 \ 076
教学秘籍：创造以学习者为中心的课堂 \ 079
发现每个学生不自知的潜力 \ 079
获得真实的学习体验 \ 083
把评价当作教学的脚手架 \ 086
教育理念：学校应成为学习者共同体 \ 087
把讲台搬到教室的角落 \ 087
关于21世纪教育的思考 \ 089
打破彼此孤立的状态 \ 092
教师寄语：我相信…… \ 094
启示：理念与行动都很重要 \ 096

第五章　2009年　安东尼·马伦：
不让一个孩子掉队 …………………………………… 099

教育人生：不惑之年警官变教师 \ 101
教学秘籍：宽松和秩序都重要 \ 103
  对每个学生不抛弃不放弃 \ 104
  读懂每一个孩子的故事 \ 106
  马伦的最佳课堂管理方法 \ 108
教育理念：为学生照亮前行路 \ 110
  激情、专业和坚持不懈 \ 111
  关注学生的社会情感能力 \ 112
  青少年成长环境需要共同努力 \ 114
教师寄语：教谁比教什么更重要 \ 116
启示：发现教师的力量 \ 118

第六章　2008年　迈克尔·盖森：
和孩子们一起"玩"科学 …………………………………… 121

教育人生：从"树木"到"树人" \ 122
教学秘籍：来给科学"加点料" \ 125
  一周内容唱出来 \ 125
  科学创造奇妙夜 \ 126
  校园荒地变身实验室 \ 128
  有困难请来"番茄酱俱乐部" \ 129
教育理念：最好的教育应超越课堂 \ 132

师生关系首先是人与人的关系 \ 132
学习，不只发生在教室里 \ 135
教科书是97%的装饰和3%的参考资料 \ 137
教育不是以简单标准生产有形产品 \ 139

教师寄语：将幽默、关爱和同情心注入孩子内心 \ 141

启示：停止抱怨，用双手去改变 \ 143

第七章 2007年 安德烈娅·彼得森：
插上歌声的翅膀，每个孩子都是天使 ·············· 145

教育人生：一名普通音乐老师的逆袭 \ 147

教学秘籍：追寻艺术与科学的完美融合 \ 149
音乐课不是可有可无的 \ 149
音乐与统考科目的完美融合 \ 151
学生的歌是教师必须倾听的故事 \ 153

教育理念：独立思考比分数更重要 \ 155
不鼓励独立思考的教育是危险的 \ 155
优秀的教学与内容无关 \ 157
不应一味迎合公众对成绩的期待 \ 158

教师寄语：优秀的教师需要不断学习 \ 161

启示：与学科无关，从培养人出发 \ 163

第八章 2006年 金伯利·奥利弗
领导全校改革的学前班老师 ·············· 165

教育人生：最年轻的获奖教师 \ 166
教学秘籍：为学生提供"刚好合适"的任务 \ 169

每个孩子都需要一位钱德勒夫人 \ 169

课堂管理，讲授教学不超过10分钟 \ 171

邀请家长，更好地理解学生需求 \ 174

教育理念：不让一个孩子输在起跑线上 \ 176

打破僵局，发挥集体智慧 \ 177

推行改革，缩小学生成绩差距 \ 179

全方位的教育问责制 \ 181

发展早教，把好人生第一关 \ 183

教师寄语：教学的中心是和谐的人际关系 \ 185

启示：最好的教师去教最困难的学生 \ 187

附录：美国国家年度教师那些事 ……………… 189

之一：年度教师是如何产生的 \ 189

之二：关于年度教师的中国之行 \ 194

之三：年度教师的变化与传承 \ 196

之四：美国总统奥巴马给2014年国家年度教师的颁奖致辞 \ 204

序：寻找优秀教师的共同基因

本书讲述的是2006—2013年8位美国国家年度教师奖获得者的故事。他们都是奋战在美国中小学教育一线的各学科教师。

通过他们的教育理念、教师生涯、师生关系、课堂教学、职业发展等不同角度，展现出一个个美国最优秀教师充满智慧、热情和创造力的从教经历，让我们看到不同文化中，优秀教师的共性和个性。

第一次接触美国国家年度教师是2006年。那时，我刚到中国教育报担任国际教育版编辑。在熟悉版面时，我的目光被一篇关于美国国家年度教师金伯利·奥利弗白宫领奖的报道所吸引。

细读文章，我惊异于这位年纪轻轻的黑人女孩何以当选万里挑一的"年度教师"，惊异于一个学前班教师如何能够领导学校走出困境，更惊异于美国总统亲自为其颁奖所彰显出的对教师的重视。

借助网络，我了解到这个奖项的来龙去脉。原来，美国国家年度教师奖于1952年创建，是美国历时最悠久、最负盛名的全国性教师类奖项。每年，经学生、校长、教师和管理者共同推荐的候选人，经由全美最主要的教育机构代表所组成的委员会进行评选，在上千名候选者中仅有一人当选。美国国家年度教师颁奖仪式每年4月或5月在白宫举行，由美国总统亲自为获奖教师颁奖，这一传统至今已持续60多年，从未中断。

美国有公立学校教师300万人，而每年只选一人，这是一种怎样的优秀？从此，美国国家年度教师成为我每年必做的选题。随后的几年里，我相继认识了安德烈娅·彼得森、迈克尔·盖森、安东尼·马伦……直到2013年新当选的来自华盛顿州的杰夫瑞·沙博诺。

每年都有惊喜，每年都有期待。

2006年度教师金伯利·奥利弗，最年轻的获奖教师之一，代表美国300万教师在白宫发表演讲时，她还不满30岁，工作仅仅6年。有人说奥利弗天生适合做教师，她不仅为贫困儿童奠定了人生的起点，还让面临关门重组的小学焕发了生机。

2007年度教师安德烈娅·彼得森，美国华盛顿特区蒙特克里斯托小学音乐教师。在《不让一个孩子掉队法》法案的影响下，强调阅读、科学、数学以及标准化测验之际，她让音乐课从边缘走到中心。她用自己的智慧和行动证明音乐课的重要，"因为它们是激发一些学生每天都能到学校学习的重要力量……而且这些课有助于提高学生的阅读和数学成绩"。

2008年度教师迈克尔·盖森，半路出家，从护林员转行成为中学科学教师。他去的那所中学情况十分糟糕，短短6年换了5任校长，学生成绩不尽如人意。盖森接受了挑战，他编写歌曲、开发游戏、举办活动，努力提高学生对科学的兴趣，使学校在全州科学测验中的合格率大幅上升。

2009年度教师安东尼·马伦，是一名退休警官，但是他毕生的梦想是成为一名教师。天命之年，他实现了愿望，成为一名专门和"问题少年"打交道的教师。他用一颗爱心、一份耐心和一片真诚，帮助徘徊在社会边缘的青少年重回人生正轨，实现了对每一个孩子"不抛弃、不放弃"的诺言。

　　2010年度教师莎拉·韦斯灵，一位来自美国爱荷华州庄斯顿中学的高中英语教师。她熟练运用21世纪的教育技能，赋予"学习者中心"新的内涵。学生说，她的课堂"没有无益的讨论，没有无意义的作业，没有一天令人厌倦。"美国总统奥巴马说，她能"让好学生变得更好，让不思进取的学生变得上进。"

　　2011年度教师米歇尔·谢尔，普林斯顿大学化学系的高才生，毕业后毅然选择到公立学校任教。她独创手语化学课，为聋哑学生打开科学之门。她任教期间，该校选修化学课的学生人数提高了10倍，残疾人、英语学习者、少数民族和声称不喜欢科学的女生都被吸引到她的课堂。

　　2012年度教师丽贝卡·米沃奇，看似普通的一位中年女教师，却大受学生欢迎。她总是能在严肃的学术话语与青少年的流行语之间轻松自如地转换，让学生们感觉她是他们当中的一员。她的课堂充满笑声，她以女教师少有的幽默，给教师职业带来活力、热情和乐观精神。

　　2013年度教师杰夫·沙博诺，来自美国西北部的偏远小镇，大学毕业后毅然回到自己儿时的高中担任教师。杰夫对教育的热情远远超出了教室的疆界。让他脱颖而出的是其激发学生努力学习的能力。他让高难度的物理、化学、机器人走进这所高中。更重要的是，他让学校变成了学生心目中的"天堂"。

一位获奖教师曾说，"美国国家年度教师的价值不仅在于他们有什么特别之处，更在于他们有哪些一样的地方"。把所有优秀教师放在一起，便可以提炼出美国优秀教师普遍具有的品质。

赴华盛顿参加颁奖仪式的年度教师们曾自发组织起来，讨论优秀教师的共同品质。头脑风暴的结果，排在最前面的两个词是"热情"和"创造力"。的确，这两个词也是本书中最常见到的高频词语。此外，还有对学生的高期望、自信、坚持不懈、以学生为中心、激发学习的兴趣、建立良好的师生关系……

更重要的是，这些词语在获奖教师那里都不再是一句空泛的口号，而是实实在在的做法、案例或故事。看他们的故事，常常会有恍然大悟的感觉。这些有些会让你觉得原来如此，有些似乎可以马上借鉴，甚至有些我们自己也正在这样做。

他们的故事里，也能找到我们的影子。比如，美国的老师们也有面临挑战、遭遇挫折、陷入困惑的时候，可能是工资不高，可能是士气低落，可能是全心付出却得不到社会的认可和家长的理解。他们如何面对、如何走过，我们也可以从他们的心路历程中汲取自己所需的力量。

从2006年到2013年，我以不同的方式见证了美国最优秀的八位教师。最初，关于年度教师的资料只能来源于互联网，获奖者的申请材料是完全公开的，在美国州立学校主管理事会CCSSO网站上。2011年，美国大使集团马琼娜女士找到我，得知当年当选的年度教师将首次来到中国，并且邀请本报记者进行独家采访报道。从那以后，我便有了每年一次和获奖教师面对面专访的机会。

然而，新闻是易碎品。在本报"读书周刊"资深编辑郭铭老师和福建教育出版社的帮助下，将美国国家年度教师事迹集结成册的想法得以实现。此后，大使集团和CCSSO又分别提供了相关材料，并协助我了解8位教师的近况。北京师范大学国际与比较教育研究院研究生焦阳、苗森、宋佳、陈明英对本书亦有贡献。

这些优秀的美国教师也陪伴我走过了职业生涯的关键阶段。八年间，我从编辑到记者，从国际教育到国内教育，见证年度教师的方式从新闻编译到独家专访。作为一名教育记者，记录中国教育改革发展的过程中，不可避免地要面对教育者的焦灼、困惑和迷茫。

当前，我国考试招生制度改革已经启动，教育综合改革不断深化。这必然引导着教师转变教育教学行为和方式，引导学校转变办学理念和管理方式。这时，就更迫切地需要一种参照、一种力量。

本书的潜在对象是广泛的。广大教师、教师培训者、教育行政管理者乃至从事教师培养的教师教育机构，都可能从美国国家年度教师以及年度教师奖项本身有所收获。

越深入了解这些美国优秀教师的故事，你越会发现，其实他们和你我的距离并不遥远。优秀教师的共性大于差异。智慧、力量、勇气、担当、热情、执著、善良、创造力，或许就是优秀教师的共同基因。

记得多年前，我参加联合国儿童基金会一份教师培训教材的编写，里面有一句话大意是，"一所好的学校，不仅在教师心中，也在教师手中"。只要你坚持，你也可以像他们一样。

第一章 2013年 杰夫瑞·沙博诺：学生第一，教学第二

名师档案：
姓名：杰夫瑞·沙博诺（Jeffrey Charbonneau）
任教学校：华盛顿州齐拉高中
学校类型：农村学校
在校生人数：410人
所教科目：化学、物理、工程
任教年级：十至十二年级
获奖教龄：14年

获奖理由：
　　沙博诺对教育的热情远远超出了教室的疆界。让他脱颖而出的是其激发学生努力学习的能力。他让高难度的物理、化学、机器人走进这所小型农村高中的每一个学生。更重要的是，他让学校变成了学生心目中的"天堂"。

2013年4月，当杰夫瑞·沙博诺获得美国国家年度教师奖的消息传到华盛顿州亚奇玛县齐拉社区时，这个位于美国西北角的农村小镇沸腾了。

时年35岁的沙博诺生于此、长于此，曾经就读于社区唯一的高中——齐拉高中，在中央华盛顿大学取得理学学士学位后，他毅然回到自己的母校，成为一名高中科学教师。

是什么令这位美国小镇青年如此钟情于自己的家乡？作为美国国家年度教师奖获得者的一项特殊待遇，沙博诺有一年时间离开课堂，在美国各州及世界上一些国家进行巡回交流。2013年9月，沙博诺应邀来到中国，在北京、西安等地的四所中学进行访问。笔者对他进行了面对面的采访。

教育人生

他的字典里没有"不能"

齐拉社区是华盛顿州亚奇玛县最小的社区，仅有4000多人口，大部分家庭从事果树种植、饲料加工、畜牧业等农副业。整个学区只有1250名学生，且多半来自低收入家庭。

2001年，当沙博诺在齐拉高中开始自己的教师生涯时，整个学校没有开设任何工程或技术方面的课程，科学课程差强人意，学生如果想学习技术，只能去校外。

沙博诺决定改变现状。他要让地处偏远的孩子们有机会接触前沿科学和先进技术，希望让身处贫困的孩子通过知识和努力改变命运，他想让学生知道，像量子力学这样的理论并非面目可憎，反而充满了奥妙与乐趣。

沙博诺说，在他的教育哲学里，永远没有"不能"、"太难"、"不可能"。他用自己的热情，开启了一种互动式教学，通过建立积极的师生关系，营造一种安全的学习环境，鼓励学生不怕失败，一步步带领学生走进一直被认为"高难度"的科学领域。

沙博诺在齐拉高中承担了物理、化学课程和工程课程，还创设了一个帮助学生在高中修读大学学分的项目。有了这个项目，齐拉高中的学生只要参加了沙博诺的化学、物理学、工程学或建筑学的课程，无需参加常规的大学先修课程考试，就能获得大学学分。这个项目使得齐拉高中的每个高中生毕业时，都获得了当地一些大学的学分，包括中央华盛顿大学、东华盛顿大学以及当地的社区学院。

为鼓励学生爱上科学，发挥学生的潜力，沙博诺发起并组织了公益性的"齐拉机器人挑战赛"。过去4年，这个比赛吸引了全州43个学区的1000名学生参加。现在，比赛早已超越了最初目标，在众多科学家和研究者的帮助下，它成为一项让当地所有有兴趣的学生都可以亲自动手体验数学和科学的公益活动。

沙博诺的不懈努力，使齐拉高中科学课程的学习人数暴增。全校100多名高一学生中，超过60人参加了化学班。全部80名高三学生中，1/3选择了物理课，以至于要招聘新的教师来满足学生旺盛的学习需要。虽然齐拉学区将近一半学生来自低收入家庭，但齐拉高中的毕业率却高达96%，其中很多学生进入大学深造，这是美国许多经济文化发达地区都无法企及的目标。

除了致力于传播科学的火种，沙博诺还担任很多学生团体的顾问，比如戏剧社团。他着力培育学生对他们能力的自信以及在教室、学校和社区的合作与奉献精神。沙博诺说，"不要忘记，作为教育者，我们的职责不只是培养未来的科学家，而是整整一代人。"

参与年度教师评奖的凤凰城大学教育学院主任梅莉迪斯·克里认为，"杰夫瑞为学生提供了互动的学习经历，使他们不仅仅能学习知识，还能收获自信，理解知识如何在现实世界中应用。杰夫瑞是真正的教师领袖，他对教学的投入能让学生在毕业后受益终身。"

在2013年美国国家年度教师奖颁奖仪式上，奥巴马称其"最大的贡献在于帮助每一位学生认识自己具有无限的潜能"。

教学秘籍

鼓励过程失败，拒绝结果失败

在访华期间，沙博诺在北京清华大学附属中学给学生上了一堂科学课，笔者有幸现场体验了他著名的互动式教学。在随后的交谈中，沙博诺为我们揭开了他带领学生"攻克"科学难题的秘诀。

制造机器人并不难

站在最喜爱的讲台上，沙博诺一扫十几个小时长途飞行的疲惫，一脸兴奋地给清华附中的学生讲起了机器人。

沙博诺首先宣布这堂课的规则——回答问题的学生可以得到一个礼物——一支来自美国的圆珠笔。接着，他介绍自己说，"在美国，我教物理、化学、工程和机器人。""你们知道这意味着什么吗？"他略顿了顿，"在美国，人们管我这样的人叫书呆子，但是我乐在其中。"

在一片笑声中，学生的目光全部汇聚在这位美国老师身上。沙博诺话锋一转，抛出一系列问题：什么是机器人？机器人能干什么？机器人怎样运转？

面对这个只有很少学生接触过机器人的班级，沙博诺深入浅出地道出本节课的核心思想："其实所有机器人的工作都是从这个简单的问题开始的——如果（IF），计算机程序工作的基本逻辑就是'如果（IF）……，那么（THEN）……'。"

"现在，我想做点与众不同的事情了，"沙博诺故作神秘地说，"我需要十名志愿者提供他们的——一只鞋。"

说着，他脱下了自己的鞋放在讲台上做示范。看学生有些迟疑，他补了一句"我保证一会儿会还给你们的"。又是一阵笑声。一个男生从后排单脚蹦着上去把鞋子给了沙博诺。很快，讲台上摆满了样式、大小不同的十只鞋子。

"我们的目标是制造一个机器人，它的功能是从10只鞋子中识别出我们想要的一只。"明确目标后，沙博诺进而指出了实现目标的路径："我们要做的是编写一段程序，它要由一些非此即彼的问题构成。想想这些鞋子有什么不同？比如说，有花边或者没有花边。注意，这些问题只能有'是'和'不是'两种答案。现在谁能说说你的问题？"

"鞋子是单色的吗？""是否大于40号？""是否有条纹？""是否是运动鞋？"学生七嘴八舌地提出自己的问题，沙博诺按照指令挑选出符合要求的鞋子。

"很不错。我们问了四个问题，最终识别出了符合要求的鞋子。我们的解决办法没有错，而是不够简洁。但是，计算机编程的一个基本原则是越简洁越好。我们还能不能做得更好？能不能问更少的问题？想想看，我们能不能一下子就识别出我需要的那双鞋？"

在沙博诺的引导下，学生的思维进一步深入，简化问题的数量。

最后，沙博诺在黑板上将这些问题按照计算机编程语言写了下来。在这个过程中，计算机编程不再是死记硬背、枯燥难懂的"天书"，而是从现实生活中的问题出发寻求的最佳解决方案。

然而，沙博诺的引导并未就此结束。他又提出新的问题："从这个简单的挑鞋机器人，到在抢险救灾中完成复杂任务的机器人，中间有多远？"他自问自答道："其实很接近。你赋予机器人的每一种功能，都可以用前面我们提出问题的方式来实现。"

"你们有没有想过，机器人可能以我们没想到的方式存在？比如说，你们每天在校园里看到的自动售货机，它就是一种机器人。"这回，沙博诺将从一个问题出发不断延伸，改为向四周发散。

沙博诺告诉学生，他以前教过的一个学生，进入大学后选择了机器人专业，后来他开发的产品挣了很多钱。"其实他的点子特别简单。自动售货机里的可乐卖完了，就需要有人来添加新的货物。通常，我们需要有专门的人来巡视。但是，如果自动售货机能够联网，自动向供货商发送报告，然后再派人来补货，就节省了人力。"沙博诺最后不忘加一句，"看，寻求更简单的解决方案，这就是机器人。"

从概念到原理，从制造到应用，从日常生活的关联到与相关学科的关系……短短四十五分钟，沙博诺通过启发式教学，让我们看到了一堂既生动又高效的机器人入门课。笔者注意到，不管之前是否接触过机器人，学生都十分投入地跟随着沙博诺，不顾自己英语是否流利，争相举手发言。

沙博诺说："我想通过我的课程告诉学生，制造机器人并不是一件很难的事情，我们可以把它想得容易一些。"

帮学生找回刚上学时的热情

在齐拉高中，沙博诺是该校有史以来第一位教授机器人课程的老师。把机器人带入课堂，源于他教授其他科学课的经历：

"在数学课上，当你让学生学习方程，他们会问，'我们为什么需要知道这个？'物理课上，学生也会问，'我们什么时候能用到这些知识？'很多情况下，学校没有给学生提供机会去了解知识与现实生活的关联，没有让学生动手参与的活动，教师们用讲授应用性代替了让学生亲身经历和感受知识如何应用。"

机器人恰好是一门将理论、实践、技能完美结合的课程。沙博诺说，他的学生"玩"的是一种很小的机器人，他们不只需要编程，还需要自己动手组装、调试机器人。学生为了制造出完美的机器人，需要学习P-Basic计算机编程语言，需要用到数学技能和问题解决技能，同时组装和连线还需要物理方面的知识。

为了增加趣味性，沙博诺开始让学生进行机器人比赛，规则有点像是"角斗士"的较量。在场地上画一个圈，两个机器人上场，首先它要能发现对手，然后把对手推到圈外就算获胜。学生们总是玩得不亦乐乎。

后来，受到学生启发，沙博诺多方筹集资金，发起并组织了面向整个华盛顿州中学生的"齐拉机器人挑战赛"。

"简单来说，点燃学生对学习的热情就是这项比赛的初衷。"沙博诺说，"你见过小学一二年级的孩子们走进教室时的样子吗？他们是那么快乐，让人感到上学是一件令人激动的事情。不幸的是，大多数高中生走进教室的时候，这种兴奋的感觉明显减退。但是，我偶然发现,一所特殊的学校、一位特殊的老师或者一项特殊的学习活动,能够重新点燃学生的热情。"

目前,这项赛事吸引了一群研究者、科学家和其他行业的技术专家担任志愿者,为参赛学生提供指导,"齐拉机器人挑战赛"还建立起自己的网站。从2008年开始,"齐拉机器人挑战赛"每年3月和12月各举办一次。目前,已吸引了超过74所学校的1000名学生参加。

沙博诺致力于为学生提供免费的体验数学和科学的机会。因此,这项比赛面向华盛顿州所有中学生,无论公立学校、私立学校、在家上学或者课外兴趣班都可以组队参赛。每一个参赛队可以从齐拉高中免费领取一套机器人教学设备,然后用6周的时间学习如何组装、编程、测试和改进他们的机器人,在参加比赛之后,再将设备还给齐拉高中,循环利用。

"这项比赛为学生开启了了解机器人的大门,但事实上,比赛的目标更为宽广。"沙博诺说,他希望增进孩子们对科学技术领域的了解、热情,让他们具备科学的观念和态度。此外,这个比赛力求通过研究者、科学家和其他各种行业的技术专家,让学生将所学的知识技能与真实世界的应用联系起来。

伟大的教师不允许失败

沙博诺说,其实自己是一个要求非常严格的老师。"上过我课的学生都知道,在我的课上要想失败是很难的。同样,得'A'也很难。我的课程极其严格。我教的每一节课都与大学学分密切相关。为了得到高分，学生必须成为这个学科的能手，他们必须表现出高阶思维和良好的交际能力。"

"伟大的教师不允许失败，"这是沙博诺作为教师的第一信条。在他看来，作业做不好可以重做，考试成绩不理想也可以补考。他总是给学生"第二次机会"，他称之为"鼓励过程失败，但是拒绝结果失败"。

"坦率地说，我的学生中有些很有科学天赋，有一些仍在努力提高，还有很多学生在抽象的化学、物理概念中痛苦挣扎。我没理由去批评那些一直很努力却无法跟上进度的孩子。只要给他们提高分数的机会，大多数学生就有动力去挑战高难度的知识。"沙博诺说。

如果被给予"第二次机会"的学生也没有进步，怎么办？

对这个问题，沙博诺还有一套强力推进的措施：首先会找学生一对一地谈话或者打电话到家里。如果这还不奏效，他会根据学生的课表，为他们安排额外的学习时间，到自己的教室里来补课。如果有学生参加体育锻炼，沙博诺甚至会直接与教练沟通，要点时间出来。他的猛烈攻势就是为了让学生认识到"最好的办法还是回到学习材料上来"。总之，沙博诺绝对拒绝学生说"我不行"。

沙博诺特别强调，老师一定要多看到学生积极的一面，多给予学生鼓励。否则，"当学生走进我的课堂，如果他们发现自己只能艰难地应付学习，而我只看到消极的一面，不断催促和批评他们，那么他们下一次肯定会躲得远远的，不再来上我的课。"

对待遇到困难的学生，沙博诺有一个独特的鼓励方法。他告诉笔者，老师们在学生遇到困难时，通常会说"这很简单，你就这样做……""老师的本意是给学生减轻压力，但是效果却恰恰相反——学生越来越没有自信,"沙博诺解释说,"试想一下,如果你不会干一件事,但是别人却走过来告诉你它很简单,这时你会怎么想?"

所以,沙博诺反其道而行之——承认这个内容很难。他说:"这样做会让学生有面对失败的心理准备。接下来,我们需要教会学生遇到难题不要逃避,而是鼓起勇气。"

沙博诺举了他教学中的一个例子。在物理课中,"描述波恩—哈伯循环中发生的能量交换,解释能量的来源"就是一个复杂的任务,当学生成功地掌握它,他们有理由为自己成功战胜难题而庆祝。

"我们需要训练我们的学生,使他们遇到难题不要逃避。承认学习内容的难度,是为了给他们一个回旋的余地,避免失去尝试的愿望。同时,这也会增加他们的勇气,鼓励他们最终去学习。这样一来,我的学生体验到了挑战难题直至最后获得新知识的感觉。下一次,他们再遇到类似的学习上的困难,就知道该怎么做了。"沙博诺说。

帮学生找回自信

"我小的时候得到过一件不可思议的礼物。这个礼物并不贵重,却是我的无价之宝。这个礼物就是我被教导要相信自己,相信这个世界上没有什么不可逾越的困难。不幸的是,并不是每一个孩子都被赋予这份自信。现在很多学生数理化不好,主要是自信心出了问题。"

沙博诺认为,学生和家长的信心是教育的最大障碍。他在和学生谈话的过程中,总是不断和类似说法做斗争,比如"我妈妈(或者爸爸)就不擅长数学和科学,所以我也学不好"。

"我不同意这种说法。我相信所有的学生都能学好所有学科，只要他们想学。很不幸，有的孩子头脑中已经先入为主地认为'我不擅长某一学科'，而且通常就是数学和科学，这逐渐会变成一种自我预言。认为自己会失败的学生常常真的会失败。所以，我最大的障碍不是教学内容、教学方法或者教材，而是学生的自信。"

沙博诺希望通过自己的教学，把"自信"这份礼物送给每一个学生。他甚至说，"这就是为什么我要来当老师。"

沙博诺说，尽管战胜困难或者赢得自信这样的话说起来容易做起来难，他在教学中找到了三种能够提升学生自信的方法。

第一，给学生一个全新的开始。要了解学生的过去，弄清楚他们的长项和弱项，这是每一个尽职尽责的老师都会去做的事情。但是，沙博诺在开学第一周内，绝不去翻看学生过去的成绩单。他认为，对学生的第一印象一定要来自于他们的课堂表现。只有经过这个重要环节，过去的成绩才能作为我们指导学生的参考。

沙博诺希望能够给学生"全新的开始"，而不是带着成绩的标签去看待他们。他的这种方法，是换位思考的结果。他说，"其实你只需要回想一下自己的学生时代，问问自己在六年级时是否希望有人仅仅根据分数来定义你？"

"我服务的对象是正在成长、学习和不断成熟的年轻人。当他们走进我的教室，他们值得拥有一个重新开始的机会。这个办法已经经过了实践证明，现在我的科学课上表现最好的学生，往往过去并不是最优秀的。"沙博诺说。

第二，将书本知识与实际联系起来。沙博诺认为，作为教师，在教学中要充分讲清书本知识与现实生活的相关性。不要等到学生质问

"我学的这些东西有什么用",因为在此之前,你可以先发制人,把"说明所学知识与现实生活联系"的任务布置给学生。当学生看到这种关联性,他们就更愿意投入其中。

第三,在错误中发现价值。沙博诺承认,像物理、化学这样的学科中的确有些内容理解起来难度很大。有许多时候,学生不能立即理解和掌握某一个概念。如果在判作业的时候,简单指出学生做错了,他们的情绪肯定会受到打击。于是,沙博诺换了一种方式,在学生的错误中发现有价值的东西——挑出他们做得好的地方。例如,学生在作业中哪里运用了先前所学的知识,哪里创造性地解决了问题,即使结果错了,也值得肯定。

这样做的最直接效果是,学生害怕失败的恐惧感大大减少,自信心显著提高,变得敢于尝试。最终,学生会懂得,比起做对一两道题,积极探索、创造性地解决问题、深入了解一个学科是更重要的。

沙博诺在教学过程中,将主题分解为小步骤,以便让每一个学生都能理解。他们取得了自己能看得见的进步,完成了想要完成的学习任务,因此就自信了。

沙博诺表示,他在教学中最喜欢的时刻就是学生发现问题的时候——"当他们发现了,他们顿悟了,没有比这个时候、这个场景,更让你感到高兴的了"。

课堂视频让家长不再是局外人

沙博诺说，严格的教学并不妨碍它以一种可被接受的方式呈现，这就是一名优秀教师的创新之处。比如，沙博诺与家长交流的方式，对我们就颇具启发。

沙博诺十分注重家长在孩子学习中的作用，遇到孩子的学习或行为问题，他也时常诉诸家长的帮助。他一直和家长保持开放的交流，家长完全掌握沙博诺对学生的期望、分数评价体系和日常教学内容。

为了能让家长更好地参与孩子的教育，沙博诺创造性地利用信息技术，创造了一种可以令家长身临其境地了解孩子课堂真实情景的办法——向家长寄送课堂教学视频。

"这个做法源于一个偶然的发现，"沙博诺说，"几年前，我曾经用计算机和投影播放一些提前录制的教学内容，以便学生在我不在学校的时候也能学习一些新知识。结果我发现，有学生开始向我要求拷贝录像，用于回家后复习。于是，我开始将这种做法逐渐扩大开来，开始定期制作课程视频。"

没想到，这个无心插柳的举动不仅得到了学生的欢迎，也赢得了家长的好评。一位家长告诉沙博诺，"过去我们只能通过分数和学习结果了解孩子，现在可以看到真实的课堂，感觉可以真正参与到孩子的学习中来了，这也让我们有了一个在家里和孩子进行学科知识方面互动的途径。"

"课堂视频虽然是有效的交流工具，但它毕竟是一个单向的交流，"沙博诺客观评价自己的做法，并且说，"我尝试吸引家长与我进行双向交流，而且越多越好。个人邮件、电话、家访等，都可以帮助我更好地了解家长的价值观和他们为孩子设定的培养目标，这对于教学的成功至关重要。"

教育理念

创造学习者的天堂

别看沙博诺在教学上一丝不苟，但他的学生却把学校当做学习者的"天堂"。他的魅力何在？还得听沙博诺细细道来。

欢迎回到天堂来

杰夫瑞·沙博诺每天上课时，有一句著名的开场白——"欢迎回到天堂开始新的一天"（Welcome back to another day in paradise.）。

谈到此事时，沙博诺说，"多年来，我一直有一个秘密，即使我每天都欢迎孩子们来到天堂，但是我从来没给他们解释过，为什么我相信这个说法。我曾经以为，在我12年的执教生涯中，很少有学生真正懂得这句话的含义。"

但是,一件事改变了沙博诺的看法。

那是多年以前,沙博诺教的毕业班进入毕业前的最后一周。按照计划,学生将在7点钟到学校上他们的最后一堂科学课。沙博诺给学生带来了面包圈和果汁,以及一个精心准备的简短演讲,作为最后一堂课的完美收官。他打算回顾和学生一个学期走过的路程、收获的知识,以及道德方面的成长。但他始终不确定,学生是否真正理解他的意图。

就在沙博诺走进学校大门的一瞬间,他被眼前的景象惊呆了。校园建筑上满是丑陋的涂鸦。原来,一伙破坏者在夜里潜入齐拉高中,用颜料在校园里乱写乱画了一番。看着被破坏殆尽的校园,沙博诺抑制不住心中怒火,他感到,这是自己当老师以来最难过的一天。这一天,学校不再是天堂。

早上7点,沙博诺班上的学生陆续来到教室。当他见到学生的时候,想法立刻有了一些变化。因为他看到,每一个学生走进教室的时候,脸上都写满了愤怒和悲伤。"他们被激怒了,这说明他们在意这个学校,说明他们认同这是他们的社区、他们的校舍、他们的地盘。学校被破坏,就如同自己的家园遭到了侵犯。"

学生的表现令沙博诺转怒为喜,但是他又为这些孩子感到遗憾,毕竟在中学毕业的重要时刻,他们只能在一片狼藉的校园里度过。于是,沙博诺心里盘算着,怎样能以最快的速度把校园清理干净,把学校照原样还给学生。

下班时,年级主任叫住了沙博诺。他告诉沙博诺说:"毕业班的学生将会在今晚八点集合开始工作,直到学校恢复原貌。"

"这真是一个惊喜,毕业班的学生,在没有人要求的情况下,自发组织起来,在学校生活即将结束时,准备一起找回他们的校园。没有比听到这个消息更让我感到骄傲的了!"沙博诺回想起当时的情形依然振奋不已。

学生们很快制定了计划,并按照承诺的晚上八点钟准时集合。带着手套、垃圾袋、刷子,清扫了停车场,重新粉刷了几乎三分之一的墙面,清洗了所有窗户,拔掉野草,捡拾垃圾,还带来了从家里做好的饼干,然后给所有老师写好了告别信。

第二天一早,沙博诺意外地看到了学生们给未来学弟学妹的留言。他们在信中说:"过去四年,这个高中就是我们的家。我们在这里学到了我们会受用并铭记一生的课程。现在,我们把母校交到你们手里。正如我们做这些,我们恳求你们一件事情:在(四年后)你们离开的时候,让我们的学校变得比你们来的时候更美更好。"

"此时,我确信他们知道了什么是天堂。"沙博诺说,"天堂是因为人们认真地创造它、努力维护它而存在。当你投入时间精力,战胜困难,保持积极的态度,你就找到了你的天堂。"现在,这封信就悬挂在齐拉高中教学楼走廊明显的位置。

"就这样,我教学生涯中最糟糕的一天,变成了最伟大的一天。这天,我们确实在天堂里,而且我们终于知道了为什么这样说。"沙博诺微笑着说。

学生第一,教学第二

从这个关于天堂的故事中,沙博诺总结说,"最核心的,当你身处天堂,你和身边的每一个人都是重要的。"他认为"在教育领域里,没有什么比学生、教师、家长和学校管理者之间建立一种积极的关系更重要的"。

"建立积极的师生关系是所有一切的前提。它意味着,把学生放在绝对优先的位置,教学内容则是第二位的。"

沙博诺把和学生建立联系的首要目标定位在,把学生当作既有共性又有差异的个体去了解,包括他们的过去、文化背景、现有的能力、未来的目标等等。然后,他会将所了解的有关学生的信息用到课堂上。"如前所说,教学要和现实联系起来,这个现实不是空洞的现实,而是学生所处的生活环境,通过了解学生的背景,你在教学中可以增加与其背景相联系的内容,让知识与生活的联系更紧密,从而提高课程对学生的吸引力和影响力。"

沙博诺说,一旦这种师生关系建立起来,学生就会为了你而努力学习。老师要对学生保持高期望值,甚至要比你期待他们做到的更高一点,这样才能有机会看到他们真正能做到什么。"作为一名教师,这意味着,我需要在推动学生的同时,也需要挑战自我,在每一天的教学中不断进步。通过创建积极的师生关系,我们可以营造一个安全社区——学生和老师每天都愿意互相推动前进——这才是真正的教育。"

沙博诺用亲身经历总结出成为一名优秀教师的几点心得:

1. 把每一天都当作可能改变学生命运的一天来工作;
2. 鼓励过程失败,不允许结果失败;

3. 把所有的学生当作自己的孩子；
4. 善于寻找解决问题的方法；
5. 善于引导；
6. 在工作中勇于寻求帮助和给予帮助。

沙博诺说，自己其实是一个非常以学科内容为中心的老师，同时尊重学生、了解学生使他可以用一种学生能够接受的方式进行高难度的教学。

比如教量子力学，沙博诺说，"如果我一上来就跟学生说，'如果你们学得不好，我就让你们一遍接一遍地学，直到学会为止'，这就是一种非常消极的办法，它在课堂里是不会奏效的。如果相反，我从引导开始，从帮助学生理解开始，效果就大不相同。"

"'学生第一，教学第二'的结果令人惊讶，一旦这种联系建立起来，就变成了学生推动教学，他们会催着我展现更多科学的奥秘，然后我就站到一旁，让他们自己去探索发现。最后，你会发现教学比你预想的要走得更深、更远，"沙博诺说。

不只培养科学家，而是培养一代人

热爱教育工作的杰夫瑞·沙博诺，不仅承担物理、化学、工程等科目的教学工作，他还带领学生整合历史与信息技术，完成了一个校史保存工程，将1919—2002年的学校年鉴数字化。此外，他还担任着很多学生团体的顾问，如戏剧社团和科学社团等。可能你会好奇，一个科学老师，怎么还做文艺戏剧顾问？

"我发现,有艺术背景的学生往往可以画出更好的图纸,文字能力强的学生可以写出更好的设计说明和研究报告。总之,帮助学生发现个人潜能是教师最伟大的任务。"沙博诺解释说,他希望学生走出校门时对他们自己有更多的了解,对学习的过程有更多的了解,而不是仅仅是脑子里塞满了"电子"这样的知识。他相信,在强调科学教育的同时,不能忽视学生的全面发展。

同样的道理,沙博诺之所以大力倡导学生学习科学课程,并不是为了把他们都培养成科学家,而是因为科学对每个人的日常生活都很重要。在科学、技术、工程和数学课上获得的技能,能够帮助学生提高创造力、问题解决能力和交流沟通能力。无论今后从事哪种职业,这些能力对学生来说都是必不可少的。

沙博诺说,在全球教育改革当中,很重要的一部分是对科学教育内容和方法的改革,这也反映了培养目标的变化。过去几十年来,科学和数学课程的教学方法是在不同的教室里分别传授各自学科的知识。但其实,这些知识是联系在一起的。现在,美国的做法是将科学教育整合起来,叫做"科学、技术、工程和数学"(STEM)教育。其总体思路是,将科学、技术、工程、数学一起教授,让学生看到知识之间的联系,例如数学如何影响化学,化学如何影响工程。这样做的确有助于学生更好地理解知识学习与实际应用之间的关系,有助于培养他们的解决问题能力和科学素养。

"虽然我是一个STEM教师,但是我的职责不仅仅是培养未来的科学家,而是未来的一代人。"沙博诺认为,"学生通过科学课获得的自信,可以转化到他们人生的任何领域。我为那些成为药学家、护士、计算机或机械工程师的学生感到骄傲,我同样为那些成为音乐家、会计或美容师的学生感到骄傲。"

齐拉中学校长迈克·托尔说:"杰夫瑞对教育的热情已经远远超过了教室和课堂的疆界,他致力于培养新一代创新者。"

华盛顿州公立学校督学兰迪·多恩则认为,"杰夫瑞创造了一种富有雄心的文化,并且通过榜样,帮助学生成为更好的公民。"

教师寄语

不要怀疑你拥有的影响力

沙博诺除了学校工作外,还是美国全国教育协会成员,并在当地教育工会任职。在他当选美国国家年度教师后,曾经在全国教育协会的一次活动上,谈及当前公立学校教师和教育改革问题,对全国教师发出号召。虽然美国国情与我们不同,但是我们依然能够从中汲取一种向上的力量。笔者将其编译整理,以飨读者:

请不要怀疑你的声音所具有的影响力。

太多时候,我们感觉自己的声音如同沧海一粟,但是请不要忘记,没有每一个个体发出的声音,就不会形成振聋发聩的海潮。

不管我们是否意识到，学生的学业成功确实依赖于我们这些每天面对他们讲话的成年人。身为教育者，我们除了激发他们的进取精神别无他法，这种精神不仅仅是今天课堂和学业成功所需要的，而是要考虑到将来他们走出校门以后的成功。

也许，我们教育的对象有着艰难的家境，但这不是我们可以将他们拒之门外的理由。学校应该是一个可以接纳他们的地方，学校应该成为他们证明自己、获得机会、让他们的人生从此不同的地方。我们最重要的目标，不是事实、数字、图表、程序，而是让学生更好地认识自己，他们的天赋、他们的力量、他们的不足，然后成为更好的自己。

我们不应屈服于"教育失败"的观念，而是应该庆祝我们为了提高教育质量而取得的进展。尽管当今社会对教育有着诸多批评和不满，但事实是，全国各地的老师和学生也取得了不计其数的成就。我相信，我们所做的事情远远超过了10年前、20年前、30年前的同行，我承认我们有很长的路要走，但同时也应该看到，我们已经有了长足的进步。

学校可以得到持续的改进。所有教育工作者应该积极跟上改革的步伐，并且拒绝让我们的信心不断流失、让社会感到学校教育失败的消极主义。很多人，通常占据着有影响力的职位，常常用歪曲和狭隘的观念来代替真实发生的教育。

教室实际上就是一个社会的缩影，我知道什么样的方法在我的教室里奏效。我知道，如果我对学生说积极的话语，如果我欣赏他们，表现出对他们的尊重，那么他们会为我做很多事情。我知道，最好的激励办法是先肯定他做得好的地方。每一位教师也都是独特的个体，也有自己的需求、背景和能力。我们国家的教育系统难道不应该以同样的方式对待老师们吗？

让我们像对待课堂一样对待我们的教育——承认教师们为公立教育作出的卓越贡献，然后说"好的，我们还有更多工作要做。"美国教育面对的学生有各种不同能力和背景，教师的职责是不管环境如何，都要确保他们获得成功。这是绝对值得肯定的美好信念。让我们从这里开始，然后我们再来谈如何加速使学校成为"学习者的天堂"。

启示

自信也是教师的珍贵礼物

你可能想不到，当沙博诺走进白宫，从奥巴马总统手中接过水晶苹果奖杯，他拿的是据说比六年前还低的工资，因为经济危机，因为教育预算减少。

在美国媒体对沙博诺充满激情的报道下面，总是能看到其他教师在留言中的不平，为当前公立学校的经费状况感到担忧，或者对自己的职业感到失望。但是，在沙博诺的言行中，听不到抱怨，也看不到一丝一毫的沮丧。

大概这就是普通人和卓越者的区别所在。在喧嚣浮躁的社会中，真正卓越的人不会因为寻求认同、取悦他人或者仅仅为发泄情绪而去喊两嗓子，那样什么也改变不了。他们要做的，是用自己的双手去改变。

大学毕业，沙博诺选择回到偏远农村的母校教书；地处偏远，他通过机器人带学生了解现代科技；要求严格，他却始终把学生放在第一；看重学生，他也不羞于谈起考试和成绩；超越校园，他把竞赛推向全州；当选年度教师，他在游历之后终将回到课堂。沙博诺做出的每一个选择，背后都有一种底蕴——一种自内而外的信念，一种自信能改变孩子的命运、造福社会的使命感。

正如沙博诺所说，自信是他童年时得到的最珍贵礼物。这种自信，不仅需要传递给学生，对于教师自身来说也弥足珍贵。

教师，是社会中的一员。教育，是一种社会活动。无论美国还是中国，教育都不可避免受到社会大潮的冲击，资源分配不均衡，公众对教育不满加剧，处境不利的学生面临更大的挑战……身处其中的教师，不仅仅要直面这些教育领域投射的社会问题，还要经受社会观念、文化对自身的裹挟。

在这样的大环境下，格外需要教师的自信。有了这种自信，我们才可以不依赖于外界的肯定，特别是经济上的报偿来确定自己的价值；有了这种自信，你才可以不被社会潮流所左右，坚定自己的方向，勇敢地走下去；有了这种自信，你才会不再消极等待，而是用你的双手和智慧去创造学习者的天堂。最终，这种自信还会传递给你的学生，让他们也能在未来面对社会之时不会茫然无措、迷失方向。

第二章　2012年 丽贝卡·米沃奇：让学习成为一件快乐的事情

名师档案：

姓名：丽贝卡·米沃奇（Rebecca Mieliwocki）

任教学校：伯班克中学

学校类型：郊区学校

在校生人数：1100人

所教科目：英语

任教年级：七年级

获奖教龄：14年

获奖理由：

她能在严肃的学术话语与青少年的流行语之间轻松自如地转换，让学生们感觉她是他们当中的一员。她的课堂充满笑声，她以女教师少有的幽默，给教师职业带来活力、热情和乐观精神。

2012年4月，美国总统奥巴马按照惯例，在白宫东厅给加利福尼亚州七年级英语教师丽贝卡·米沃奇颁发"国家年度教师"奖。米沃奇来自加利福尼亚州洛杉矶县中部城市伯班克市，是伯班克统一学区路德·伯班克初中的一位七年级英语教师。

笔者见到米沃奇，是在5个月以后，在北京第四中学的报告厅里。身后的大屏幕播放的是一个个笑容洋溢的学生大头照片，她如数家珍地讲着每一个孩子的故事。虽然她本人暂时离开了课堂，却像是一直把学生们带在身边，和她一起环游世界。

眼前这位语速稍快、身材高挑的中年女士，无论穿着打扮，还是一举一动，似乎都是一个中规中矩的中学教师——亲切而不失严谨，紧张而不乏包容。但事实上，面对学生时，米沃奇却颠覆了这种传统的教师形象。

教育人生

我没有马上接电话，但最终拿起了听筒

"学生们，包括我儿子在内，都被米沃奇老师每天的教学深深吸引。原本，很多孩子觉得学校很无聊，说服他们是一件很难的事情。但是，米沃奇用自己的热情点燃了学生心中求知的火焰。"学生家长索萨太太的儿子曾上过米沃奇的英语课，最令她称道的，是米沃奇能在严肃的学术话语与青少年的流行语之间轻松自如地转换，让学生们感觉她是他们当中的一员、是朋友，只不过是那种"对你期望很高，帮你发挥最大潜力，让你认识自身价值的益友"。

校长安提娜·查克曼说起米沃奇更是不吝惜赞誉之辞，她说："如果优秀的教师是带领学生探索、创造和学习的艺术家，那么米沃奇应该是教师中的毕加索。研究告诉我们，课堂里的教师对学生成就的影响是无可取代的，米沃奇则让学生的生命从此不同。"

加利福尼亚州督学汤姆·托拉克森也说："丽贝卡·米沃奇给教师职业带来无尽的活力、热情和乐观精神，她激励着她的学生、每一位加州教师和我本人。"

不过，米沃奇自己却说，自己的教师之路有些"大器晚成"。虽然米沃奇出生在教育世家，她的父母都是在美国公立学校系统服役30年的教师，但她一开始并没想过像父母那样，"在教室里面书写自己的人生"。

"那时我很叛逆，你知道，一个人在18岁的时候总是希望做一些和父辈不同的事情。"

于是，米沃奇去尝试过很多不同的工作。毕业于加州州立理工大学的她起初想成为一名律师，后来进入出版行业工作，成为一家教科书公司的项目协调员。然后，她还做过一段时间的鲜花设计，再后来是活动策划……

"如果你能看到我的内心，会发现里面仍然有一个十几岁的我，对周围的世界充满好奇，"米沃奇说。或许正是因为这份年轻时经历过的叛逆和热情，让她在后来面对学生的时候能够更好地了解他们的处境。

"有谁能比一个清楚知道他们是谁，欣赏他们的怪异、野性、奇思妙想的人更适合教这些12岁的孩子们呢？"仿佛是一种天职的召唤，不断变化工作的米沃奇逐渐意识到，她应该找到她想要的正确的职业之路。

"我用了一些时间确定我想要的'完美'工作的清单：创造、决策控制、有趣、灵活、稳定、与年轻人一起工作……"米沃奇最终将目标锁定在"教师"上。对于这个选择，她有一个形象的比喻，"电话铃响起来，我没有立刻拿起听筒，但是最终我还是接听了电话"。

在加州州立大学北岭分校获得中级英语教育证书后，米沃奇曾在约翰·布洛斯高中短暂地任教，随后来到现在任职的路德·伯班克中学。这所普通的公立初中共有六、七、八三个年级，1100名学生。

在别人看来"不好对付"的叛逆期少年，在米沃奇看来却是一群特别"好玩"的教育对象，他们总是有超级旺盛的精力和热情。"我工作的重要内容是为他们的能量套上'缰绳'，朝着他们要学习的方向前进，成长为适应21世纪需要的交流家、思想家、问题解决能手。"

米沃奇教过的学生都知道，她时常和学生们逗趣，从宝贵的课堂时光中挤出欢乐，总是能让练习变得有创造性。米沃奇说："我始终在职业上追求完美，在我的观念里，从来不认为教师应该朝着沉闷无趣去努力。我深信，一个优秀的教师必然是充满激情的、保持好奇与探求的和高期望的。"

米沃奇先后获得过南加州中学联盟评选的2005年度教师、由家庭教师协会（PTA）评选的2009年荣誉服务奖、新教师支持与评估导师，以及个性化教育专家等称号。

教学秘籍

站在巨人的肩膀上

对于自己在教学方面的成功，米沃奇说："其实，我每天都站在巨人的肩膀上工作，许多教过我的老师影响着我今天的教学。"

本以为这是米沃奇的自谦之词，谁知她真的能细数出那些教过她的老师的事迹。

"那时，我十分害怕，有些无所适从，急切地想要回家。摩尔太太，我的幼儿园老师温柔地拉着我的手，把我领到新朋友的面前。她教会我的是老师要赢得学生的信任。"丽贝卡回忆说。

记忆快进到亨利博士，米沃奇大学时的一位教授。"他经常会给我提出一些令人抓狂的要求。在我没有做到最好的时候，他总是能看出来。亨利博士教会我对学生要始终期待他们做到最好。"

虽然这些都是生命最初十几年的事情，但是摩尔太太和亨利博士却成为米沃奇教育职业道路上的榜样。从老师的言传身教，到自己教育教学的点点滴滴，米沃奇通过一个个老师的故事给我们讲述自己从教的心路历程。

你的任务是要让孩子眼前一亮

维德梅尔先生，米沃奇二年级时的老师。在每一天开始上课前，他都会用吉他给孩子们弹奏一曲，很受大家的欢迎。米沃奇走上教师岗位后，对维德梅尔先生的做法有了更深刻的领悟。

"从他那里，我悟出了一个伟大的教师应该富有创造力。通过各种工具、作业、方法和点子，使孩子们始终将注意力集中在他们要学的东西上，"米沃奇说。

现在，为了鼓励所有学生积极参与教学，米沃奇把每个学生的名字都写在卡片上，然后随机抽取，被抽中的学生，要在课堂上给大家朗读课文和材料。为了抓住并维持学生的注意力，她会在学生做随堂作业时播放音乐，或者穿插一个自己小时候的成长故事。这些非传统的做法，在其教学计划和课程设计中事先都有精心的安排。

更重要的是，维德梅尔先生的例子让米沃奇懂得了，要想当好老师绝不能满足于照本宣科，而是要提供丰富、有趣的问题让学生去解决。只有这样，教材上的东西才能被学生深入理解和消化。

于是，枯燥的单词、无聊的作文在米沃奇手里华丽变身。米沃奇说："我从没见过哪个孩子看到作业纸会眼前一亮，但是我敢肯定，当我要求他们去制作一本'书'，设计一个脸谱网的网页，写一个剧本或者编制一个填字游戏的时候，他们都会眼睛发亮。"

一位家长在给美国国家年度教师评审委员会的推荐信中说，"事实上，米沃奇对课程内容的要求十分严格，比如在语法解释或写作方面，丝毫不会放松。但是在课堂上，她能用各种有创造性的活动去教这些知识，给学生提供多种学习的方法，让他们带着兴趣和成就感去学习这些有难度的内容。"

放手让学生自己选择

墨菲太太，米沃奇四年级时的老师。她给米沃奇留下深刻印象的，是她带到课堂上来的"故事魔方"。"故事魔方"是墨菲太太自己设计的教具，它里面包含了很多不同的人物、事件和故事情节，学生可以变换不同的组合，并据此创作短篇故事。

"墨菲太太教给我，当孩子们对某样原本喜爱的东西失去热情时，该如何重新点燃他们的热情，"米沃奇说，"重要的是让孩子们自己选择。"

这种理念和方法，米沃奇屡试不爽。

"迈克尔讨厌学校，讨厌老师，讨厌每天来上学，不过他喜欢摇滚和吉他。"米沃奇指着身后一个留着莫西干发型的叛逆男孩的照片说。利用青春期学生的叛逆心理，米沃奇给迈克尔留过一项特别的英语作业——"你父母最不希望你做什么事？请用学过的沟通技巧说服他们。"过了几天，迈克尔就顶着这个标新立异的"莫西干头"出现在米沃奇面前。他高兴地说："沟通技巧真的有用，父母竟然同意我留这种发型。我很自豪，我拥有了沟通交流的能力。"

在课堂教学方面，米沃奇也努力打破单一模式，给学生更多选择。她举例说，在阅读和分析一篇关于肢残人士的文章后，她给学生提供了三种不同的调查研究作业：第一个题目是"肢体知觉"，第二个题目是"假肢技术的发展"，第三题目是"近期中东冲突造成的伤残情况"，学生自愿选择，然后在全班面前汇报自己的研究结果。米沃奇认为，多种选择的任务对学生来说既具有挑战性，又令人激动，它给学生提供了迈向同一个学习目标的多种路径。

新技术的使用无疑是拓展教学方法的重要手段。校长查克曼说，"米沃奇的课上就总是可以看见我们学校现有的最新技术设备——数码相机、视频剪辑、手机应用软件……她总是积极地将这些新技术与每堂课的教学融合起来。"

米沃奇说："老师的职责就是用各种各样的方式保证学生在学习，在享受学习的过程，为此有时需要扔掉教科书，扔掉一些规矩，真正从学生的兴趣出发。"

教育不是远离生活的抽象世界

卡里森先生，一位可爱的老师，带着一套自创的"生活游戏"走进米沃奇的六年级生活。"我们在教室里有自己的'邻居'，使用自己的'货币'，计算自己的'收入'，每天要为"付账单"而工作，甚至还要到'法庭'解决争端。"米沃奇兴致勃勃地回忆。

在卡里森先生那里，米沃奇懂得了，"现实世界不是一个抽象的、未来将要到达的地方，它是时刻围绕在我们身边的生活"。卡里森先生让他的学生在很小的时候就对现实生活有所认识，他教会了米沃奇要让学生迎接挑战，要给学生设立尽可能高的期望值。

"现在，我要求学生不要为读书而读书，而是要体会阅读的快乐，同时达到我们一起设定的阅读目标。"米沃奇相信，善于阅读的孩子在他们的人生中将会受益无穷。

让学生达到他们的个人目标，对很多人来说并不容易做到，但是米沃奇一直尝试着让努力学习变得更有趣。鼓励推动、摇旗呐喊、甜言蜜语……米沃奇使尽浑身解数，将学生带入百万单词俱乐部，对他们进行各种奖励。她还创造性地给学生设置各种千奇百怪的阅读挑战任务，比如让学生结成小组阅读、阅读前卫作品、认识一位新作者或者限时快速阅读。米沃奇想让他们认识到，只要肯努力，一切困难都不在话下。

米沃奇还常常运用质疑性的苏格拉底教学法，鼓励学生进行批判性思考。她努力为学生提供充满兴奋与活力的教学。米沃奇说："当学生们拥有一个非常热情、非常投入的老师时，他们学得最好。我坚信，教师必须对学生的进步负责，既要帮助他们达到个人或校内的学习目标,也要达到学区和州级的测试标准。我们的学生就是我们的未来,因此,必须尽最大的力量,激发他们,指导他们实现梦想。"

"卡里森先生的信念,现在已成为我的信念,即所有孩子只要有人带动,都能取得令人瞩目的成就。"米沃奇说,"我把学生放在驾驶员的位置上,学习生活中由他们主动驾车。我需要做的是告诉他们,我们去哪儿以及如何掌舵。"

老师也可以成为幽默大师

冯·阿里特太太,米沃奇的七年级科学老师。米沃奇说,阿里特太太的拿手好戏是不失时机地讲一个笑话,让本已陷入疯狂的实验室再次爆发出哄堂大笑。

"对于我们这些叛逆、任性、目空一切的青春期学生来说,身材矮小的阿里特太太身上的每一个细胞似乎都洋溢着迷人的微笑,饱含着恰到好处的幽默笑料,还有能骗过我们所有人的小伎俩。她让学校变成了一个快乐的马戏团,并且准备好带着我们所有人一起踏上激动人心的冒险之旅。"

阿里特太太教给米沃奇的是:幽默感和对教学持续不断的热情是赢得学生喜爱的关键。

"这两点在她身上表现突出,我确信现在我也做到了,"米沃奇自信地说。她告诉笔者,现在最享受的是这样的情形:下课时间到了,教室里一个声音惊讶地说:"什么?已经下课了?时间过得太快了!"

有学生告诉米沃奇,她的课是他们最喜欢的,而且是最好玩的。

虽然他们知道这是在学习,更知道米沃奇布置的任务很难,但是他们从来不会感到上课枯燥、无聊。

米沃奇解释说:"这就是一个好老师如何传授知识,让我们一起积极、热情地投入工作。我已经掌握了阿里特太太的秘诀:让课堂变成学生们迫不及待要去的地方。"

米沃奇形容自己带动孩子们学习的方法时,用了两个词,"连拉带拽"、"连哄带骗"。她有时候会不顾形象地和学生们在教室里跳舞,会给学生讲自己的"傻事"。就连对待令人头疼的"问题学生"时,米沃奇也不乏幽默。

有个"问题学生"叫汤姆,有一段时间,总是不交作业。为了一看究竟,有一天米沃奇就在放学后,悄悄在后面跟着汤姆,想看看他离开学校后究竟在做什么。结果,米沃奇看见汤姆在半路上就把作业纸扔了。"于是,我抄了个近路,把一份新作业悄悄放进他家的信箱里,然后我躲在一旁等着看汤姆的反应。"果然,汤姆回家打开信箱,吓得大叫起来,"作业怎么会在这里?难道老师跟着我回家了?"米沃奇说,得知老师的关注,汤姆开始老老实实地写作业了。

米沃奇的"恶作剧"让我们会心一笑,也体会到一位美国老师尽职尽责的心声——"绝不允许我的学生离开学校时什么都没学会"。

"从幼儿园到大学,我的生命中总有一些了不起的幕后英雄。我当时并不知情,但是在我走上教师岗位的那一刻,我明白了一切,并且努力把他们身上的优点变成我自己的,他们就是那些把我扛在肩膀上的巨人。"米沃奇说,"以后会不会也有学生这样看我?我相信一定会的。"

教育理念

责任是伟大的价值所在

"如果你在工作中不想因重复而无聊,那么来当老师吧。"

"如果你把使命看得比自我更重要,那么来当老师吧。"

"如果你有一腔热情要向孩子们展示写作、阅读、数学、科学、历史、艺术或技术的神奇,那么来当老师吧。"

"如果你能不知疲倦地工作,去探索富有想象力和效率的方法去帮助孩子们学习,那么来当老师吧。"

"如果你有一副有力的肩膀,能够担起学生、家长、同事的诉求,能够承担教育年轻人的无尽责任,那么来当老师吧。"

"如果你想彻底改变世界,并且知道这一切可以从教室里的基本要求开始,那么你一定要成为一名教师。"

……

这一连串的排比,是米沃奇在年度教师申请表上写下的。作为全美教师的代言人,她对当今美国公立教育特别是公立学校师资的现状格外关心。

变革依赖于实践者

"让每个孩子能够去生活、工作、作出贡献、参与竞争以及繁荣这个日益复杂的社会,是我们公立教育系统的理想,"米沃奇说,"然而,最近几十年,我们实现理想的能力出现了下降。"

她例数美国公立教育系统的问题包括:学业成就水平一直低迷,特别是少数族裔和处境不利的学生;公共教育预算和支撑公共教育的基础设施投入在最近这次经济危机中也遭受重创而严重缩水;传统的公立学校几乎没有大范围的革新和改变;教师跳槽的数量已经逼近警戒线。

虽然米沃奇认为,美国人对公立教育的信心日渐衰落,美国正经受着公立教育摇摇欲坠的威胁,但是她话锋一转,语气坚定地说:"我相信所有的变革都有赖于它的实践者——教师。"

"家长把孩子送到我们手里,把他们的心肝宝贝交给我们,我们的职责就是让他们在离开学校的时候比来的时候更好。"

米沃奇补充说,"'更好'的意思不仅仅是他们能在标准化考试中得到A的成绩,更意味着他们独特的潜能被发现和激发。"

米沃奇认为,最好的教师应该是"发现者"。他们布置的作业总是为了让孩子们的潜能得以显现和发挥,设计多样的活动,从而找到每个孩子的天赋和特长,提供适合他们需要的教育,并帮助他们找到成功的路径。

"对于美国家庭来说,教育你们的孩子,帮助他们迈向自己的未来是意义深远的责任。"米沃奇把这个任务看得十分重要,并且抱有极大热情。她说,自己不是孤立无援的,也不是独一无二的。"纵观全美国，数百万教师正像我一样，在他们的教室里创造着奇迹。"

米沃奇说，尽管当前教师们面对的复杂挑战不计其数——阻碍学生成功的因素不期而至，教育资源远未达到理想状态，但是教师必须找到能够使课程生动有趣、激励所有学生头脑的方法，必须推动学生去进行足够的学习，以迎接全球经济的竞争。

"尽管有各种各样的负担，教师们都是坚韧不拔的。"在米沃奇看来，其实今天的学生所学的内容比历史上任何时候都多，今天的教师也在以前所未有的耐心和创造力迎接他们的学生，帮助他们学习更多知识、解决问题、增长技能、灌溉他们的梦想。教师们知道什么决定成败，知道让每个孩子展翅高飞是多么重要，而高质量的教育正是使它成为现实的关键。

米沃奇赞赏同行们日复一日在自己的教室里创造的奇迹。她说，教师的热情和承诺对于教育这个日益复杂的领域是巨大的激励。"虽然挑战日新月异，但是你适应了要求，改进了教学，并且帮助你的学生获得了成功。你用精彩的课程将学生吸引过来，每天推动他们做出最好的作业。即使社会舆论出现落潮，你仍然坚定地坚守你的工作职责。"

"永远别忘了，你是学生生命里的一盏明灯，"米沃奇说，一些学生来到学校时，可能有许多先天的优势，但是当今社会当中，太多的人没有那么幸运。无论学生所处的环境如何，教师都拥有丰富他们人生的力量。教师对学生的投入将使他们终生受益——进而使这个伟大的国家更加强大。"

米沃奇建议老师们要"热情地对待你的学生和你的工作；保持好奇心，不要停止学习，想办法将学习带给你的愉悦带到教室里；对所有学生保持高期望，给自己设立更高的目标。"

好老师不会对考试避而不谈

在谈话中，米沃奇多次提到"学生的成功"。那么成功究竟如何衡量？与许多对标准化考试持反对态度的教师不同，米沃奇对考试、评价坦然接受，积极利用，甚至认为将学生成绩与教师绩效评价挂钩才是美国公立教育的出路。

米沃奇的说法是，"经过一年的教学，问问学生和刚进校时有什么区别，这并不过分。优秀的老师都明白，这是一条基础的真理，而且不会害怕为他们付出的努力负责。事实上，优秀的教师知道，评价是改进的关键步骤。"

米沃奇确信，教师必须对学生的成功负责，需要帮助他们达到个人或学校的学习目标，以达到学区或全州水平的测验要求。她说："真正优秀的老师不会羞于谈起评价数据，因为评价可以告诉他们学生的表现，同时也是他个人的工作表现。数据可以驱动教学，并且为教师和学生提供进步的关键反馈。那些成功地提高学生学业成就的教师，需要被认可、支持、合作和奖励。"

但是，米沃奇同时指出，分数又不是诊断学生的唯一标准。"这就像我们生病了，医生要我们量体温，你觉得体温能告诉他你的全部病情吗？当然不能。它能表示你现在健康与否，但是却不能是一个被单独使用的信息。"

"同样，我教的学生各不相同，有特别有天赋的，有英语学习者，也有随班就读的残疾学生。如果你单看分数,它只是一个代表整体的数字,它会让你感到我取得了巨大的成功。但是具体到每一个学生,比如某些非常有天赋的孩子,他们一直处于学术的顶端,但某次考试中成绩却下降了一点点,这里面可能就有需要老师去关注的问题。"

米沃奇说,她所教的学生中还有一些人是无法用这种狭窄的问题、信息和量表去衡量的。因此,考试成绩并不能反映一个老师教育绩效的全貌,同样也不能代表一个孩子的全部。

和其他几位年度教师的意见相似,米沃奇对现行的评价制度持建设性态度。她认为,每一个学区都需要一个专业、有效的教师综合评价系统,这个系统应该将更多的决定教师工作成效的因素考虑在内,包括学科知识、专业性、教室氛围、学生成绩(以多元评价为基础)、专业成长、学校和社区的联系等等。校长需要有更多的时间了解课堂的真实状况,为公正评价教师投入更多精力。

别让论资排辈浇灭教师士气

米沃奇旗帜鲜明地支持将学生成绩和教师绩效挂钩的确令人敬佩。对于美国强大的教师工会和众多同行一直反对的一项政策,敢于表明自己的立场,体现了米沃奇由衷的责任感。

她说,在教育之外的每一个行业,最有效率、最成功的员工总是被挽留和被提升,但是公立学校却不同。随处可见的校园里,最好的老师和最糟糕的老师拿同样的薪水,州教师工会合同仍然执行的是论资排辈的人事制度。其结果是,当财政压力出现时,新教师被临时解聘的可能性要远大于那些资历老却不一定更有竞争力的同事。

因为担心不断被打击，米沃奇看到许多年轻教师选择永久地离开教师岗位。她认为，"这种做法不仅给教师带来精神上的痛苦，对整个教育行业和全美国的儿童来说又何尝不是一种损失呢？"

"现在是时候改革教师福利系统了！"米沃奇说，"我们必须为学生提供最优秀的、最有天赋的老师，而不是仅仅考虑他们的任教年限。"她建议，将教师的工资和职位与学生的学习结果建立某种联系，给表现突出的教师提供经济激励，同时要给他们机会成为教师领袖，让教师有多种通往卓越的途径。

同时，米沃奇建议教师职阶化，资深绩优的教师除了教职，还可以担任课程设计、新人训练等工作，也理应从这些额外工作中得到较高的薪水。她认为，在教师职阶化中，老师开始是新手，然后逐渐成为优秀老师。米沃奇表示，让教师累积的经验智慧传承下去，发挥最大潜能，才是根植教育制度的关键。

未来教师应由了解中小学的人培养

米沃奇援引美国前总统克林顿的一句话说："每个学生需要并且值得配备出色的教师，懂得专业知识，经过有效的培训，知道如何高标准地开展教学并且能使学习生动有趣。"

米沃奇认为，目前大学教育并没有为美国准备足够的达到熟练程度的教师。虽然每年大学培养出的教师数量可观，并且新教师都是带着激动人心的新理念和教学法走上工作岗位的，为教育行业带来新鲜血液，但是他们极其缺乏经验。这种经验的缺乏会让他们中的佼佼者在工作中渐渐被埋没。

"之所以出现这样的情况，"米沃奇分析，"是因为很多新教师进入课堂以前，是由一些远离中小学实践、从未和青少年打过交道、也不了解教育现实的大学教授教出来的。新教师来到学校的时候，对理论了如指掌，对实践却一无所知。"

她建议，大学阶段的教师教育应该增加对中小学的了解，"未来教师的教育和培训必须由有实践经验、和中小学密切联系的教授来承担"。

目前，米沃奇自己就和一位大学教授合作，在加州州立大学Northridge分校教育学院开设了一门叫做"教学入门"的课程。她教给实习生如何通过兴趣激发学生的学习动力，如何将枯燥的教学标准变成有意义的活动，如何使教学变得丰富多样。她同准教师分享各种有用的课堂管理策略，有些已经写进了大学讲义。

米沃奇特别强调，对于新教师来说，向别人提问、寻求帮助或寻求合作都是正确的策略。她通过分享自己的经验，解决了很多新教师的困扰。

打开教室的大门

米沃奇自己的职业道路上有许多充满热情的教师做榜样，但是，她坚信教师队伍仍需要壮大。而要想做到这一点，需要为所有老师提供更宽广的发展空间，这一点无论新教师还是老教师都需要。

米沃奇说，在当今这个日新月异的时代，一些"在学校服役多年的老兵"也需要关注。据她观察，老教师容易遇到的困惑是，"过分强调在今天的教室中遭遇的挑战"、"将自己孤立起来"、"仅仅将教学视为谋生手段"。他们不再接受新理念、新方法，不再积极寻求同事之间的相互支持。其结果是，"我们的教育系统既无法吸引新教师，又无法使留在学校里的老教师发挥出他们的最大潜力。"

"不过，我们可以改变。"米沃奇满怀信心地说。

米沃奇认为，一所理想的学校应该为教师提供这样的机会和时间：

1. 鼓励教师之间进行合作；
2. 分享行之有效的教育教学策略；
3. 发现最佳教学实践，进行观摩；
4. 教学数据的采集和分析；
5. 解决教学中的热点难点问题。

"正式和非正式的指导是十分必要的，"米沃奇说，"每所学校都应该营造一种合作的环境，鼓励向同事打开教室大门，为所有教职员工提供建设性的反馈意见。校长也可以通过分享持续改进教育的愿景、肯定员工价值、展示他们自己提高教学技能的方法等措施来鼓舞教师士气。"

"幸运的是，上述这些在我所在的学校都真实存在，那是一个鼓励我们每一个人做最好的自己的地方，是我们共同努力实现目标的地方。我很荣幸成为站在教学一线的熟练教师、教师指导者以及教师领袖。"米沃奇说。

教师寄语

给新教师的九条妙计

丽贝卡·米沃奇在当选年度教师后，曾经在美国CNN电视台发表过一次面向新教师的演讲，译文如下：

准备好了吗？新兵们？在这个叫做课堂的地方，有很多现实情况没有人告诉你，除了我。这里有挑战、挫折，也有兴奋，更常见的是三者并存。我非常高兴看到你们将教师作为自己的终身职业。从你第一天走进教室，它将改变你的生活，你再也不是以前的你了。

一个好的开始对我们当好老师十分必要。教学是这样一个让人为难、令人喜悦、给人痛苦的旅程。一些小窍门、技巧和点子，可以让你尽快步入正轨。

第一，在开始第一课之前，先建立课堂运转系统。你需要制定进出教室的规则，发言、离开座位和请求帮助的规则，交作业和发作业的地方，管理缺勤学生和他们落下功课的计划，要制定一份座位表，设置一个学习用具中心，等等。在你见到第一个学生之前，就应该把这些事情考虑好。

你可以根据实际情况不断调整。但是，没有规矩的教室会给老师带来巨大的挑战，哪怕是最好的教师也会陷入泥潭。良好的规则系统可以帮助你的课堂平稳运行，这样你就可以全心投入你最擅长的活动——教学。

第二，别让铅笔绊住脚。认识到这一点花了我很长时间。新教师经常被困在学生用具的斗争中。它们在哪儿？为什么学生的东西又忘了带、弄丢了，或者借来借去？这些事情令你精疲力竭，而且常常打断你的正常教学。因为我们存在一种误区，即认为带没带学习用具关系到良好习惯和责任的教育，所以它成了我们面前的一座大山。老师和学生都深受其害。

我曾经观察过社会学教师凯伦的课堂。我看到她迅速将备用的学习用具借给有需要的学生。她的理由是，"我和孩子们有太多事要做，不能被学习用具绊住脚。我不允许任何东西横插在我和学生的教与学之间。"我现在已把这个原则贯彻到我的教学之中。

第三，确保教学聚焦于你想让学生学到的内容。把它们写在黑板上，在上课的开始阶段大声讲给学生。将今天的课程与昨天所讲的内容相联系，并且告诉学生为什么以及如何学习这些内容。在学生离开教室之前，让他们说一说今天学了什么。研究表明，在讲课时能够承前启后的教师，其学生对知识的理解和记忆能提高50%。

第四，孩子们的工作能让教学效果最大化。启用课堂助手或"雇员"协助管理。课堂上有很多杂事，比如发便条、作业纸，这些事情实际上可以由学生来完成。雇佣他们，付给他们"薪水"——额外的机会，对出色完成任务的学生给予奖励，口头表扬或者轮流值日。这样一来，一个学年中有许多学生可以获得这种独特的表现机会，也会帮助你的课堂教学更顺畅。

第五，尊重学生，在棘手问题上获得双赢。新教师通常会为了在学生面前树立权威而斗争。要完全避免这样做。相反，要和颜悦色地解决发生的问题。尽可能用平和的语调，面带微笑，蹲下来或屈身接近学生。

然后，问问那个不守规矩的学生"你在干什么"，"老师要求你干什么"，"你现在打算怎么做"。课堂教学权威专家瑞克·莫里斯说，这三个简单的问题会快速抓住问题的核心。孩子们会清楚看到你对课堂要求的明确关注，以及你需要开小差的孩子迅速回到正轨。

这个过程没有感情用事的指责或攻击，只是一种"让我们回到学习中去"的提醒。迅速弄清问题，周到地解决问题，表明你重视你的工作和学生。这是保证你课堂教学不被中断的长久之计。

第六，课程和活动设计要让学生有自由选择权利和趣味。这是瑞克·莫里斯的另一个经验。这是可以在教学中融入你创造力和人格魅力的地方。你必须要让孩子掌握教学大纲和标准要求的内容，但是如何做到？如何使之与你学生的兴趣相结合？如何提供多样的、可供孩子们选择的学习方式？这些才能让你的教室成为一个活跃的、与众不同的地方。

第七，与其他教师通力合作。伟大的教师可以善于交际、可以深思熟虑、可以骄傲，但是绝不能刚愎自用，要对改变保持一种开放态度。在同事中找一个伙伴，或者5个。到对方的教室里去转转，吸收有效的方法，发现无效的方法。互相聊聊，交流思想，互相鼓励和支持。给同事有建设性的反馈意见，也做好准备聆听别人的意见。这是教师成长和改进的必经之路，完全没必要另辟蹊径或者独自挣扎。

第八，照顾好你自己。教师，特别是新教师，自然容易投入超乎常人的时间去备课、批改作业、寻找课堂资源以及参与学校的各项活动。这是一个源源不断的工作，尽管你可能自得其乐，但工作就是工作。在教师中间，劳累过度不是传说，而是现实。要保持警惕，保护好你自己的时间。每周至少有两个晚上和周末一个整天时间属于你自己，不做任何工作，去阅读、旅行、园艺、运动、烹饪或者任何你想干的事情。

不要让你的自我被职业所取代。相反，你的职业应该成为你个人魅力的一种反映，使你成为备受孩子们喜爱的疯狂而伟大的老师。

第九，要有勇气去教书、去创造、去超越考试。孩子们必须要学习，你必须抓住孩子现在所在的位置，并且推着他们向前走。无论他是否达到了年级水平，学生来到你班上的时候都带着一系列的问题。你的工作就是认识他们的现状，发现他们的需要，然后满足他们，推动他们向前发展。任何有助于学业进步的事情都是好的。这些结果很多人都想看看我们是否能够达到。

这个清单不仅仅会让你第一年顺利走过，也会确保你的教学良好运行，让整个职业生涯激动人心。第一天走进课堂，你将改变孩子们的人生，这是一个奇妙的时刻，会让你终生难忘。

启 示

当好老师没有捷径

无论是面对中国教师的演讲，还是面对记者采访，米沃奇展现给我们的大多是一些细微甚至略显琐碎的经验，而没有如我们所期盼的提到某些新奇的教育理论或方法。

她说，对于学生来说，"其实学习没有捷径可走，无论用哪种方法，最终都会面对复杂的学习任务"。作为老师，"我们能做的就是用笑声、用激情、用技巧、用紧迫感和爱，去实现这一切"，就是"上好每一节课，留好每一次作业，把握住每一个教育契机的动力"。

米沃奇在当老师的第一年，她每天早上5点到晚上11点都是工作时间，只有中午吃饭和放学各有一小时的休息时间，但是到晚上又开始工作，准备上课要用的东西。她的校长说，米沃奇的教室永远在午休时间和课后向学生开放，她总是随时做好准备去帮助学生，哪怕一份普通的作业，她都认为那是"伟大的作品"。

她告诉笔者，美国的大多数教师上完课就回家了，只有少数全心投入的教师才会这么做。"这种辛苦的工作，不会带来财富，甚至不会有人感谢，但是当你看到一个个孩子能熟练阅读，能清晰地表达，能写出一篇优美的小诗，你会觉得这一切都是值得的，老师是一切可能性背后的驱动力。"

对于中国老师提出的班额问题，米沃奇说，其实美国公立学校的班额也不小，一般都有30到35个学生。在出访各地之前，她每天仍然要上5节课，一个小时的辅导和一个小时的备课时间，还承担着学校的师资培训工作。她自己的孩子，晚上的大多数时间是在辅导班里度过的。

"当好老师，除了付出，没有捷径。"米沃奇身上所表现出的对工作的无限热情，对学生潜力的无限信任，对每天工作取得一点进步的强烈渴望，还有对每天来到教室中这些具有特殊才能和天赋的孩子们的欣赏，实际上也是全美国乃至全世界优秀教师身上表现出的共同特点。

第三章 2011年 米歇尔·谢尔：

"普林斯顿毕业生"和"教师"同样令人骄傲

名师档案：

姓名：米歇尔·谢尔（Michelle M. Shearer）

任教学校：马里兰州弗里德里克县厄尔巴纳高中

学校类型：郊区学校

在校生数量：1665人

所教科目：化学

任教年级：十至十二年级

获奖教龄：14年

获奖理由：

　　米歇尔·谢尔是科学、技术、工程和数学教育的积极倡导者。她成功地为残疾学生、有色人种和底层背景的学生开辟出一条通往科学世界的道路。谢尔强调科学与生活的联系，并以此激发学生的兴趣和创造力。

2011年5月,美国普林斯顿大学网站发布消息,该校95届校友米歇尔·谢尔当选美国国家年度教师。网站刊登的照片中,身材娇小、一身粉红色职业套装的谢尔老师站在中间,左边是美国总统奥巴马,右边是美国联邦教育部部长邓肯,两位"大人物"面带赞许地注视着这位新科美国国家年度教师。

从一名顶尖大学的高材生,到一名普通高中化学教师,再到全美国教师中的佼佼者,谢尔是怎么做到的?作为首位到访中国的美国国家年度教师,笔者面对面听谢尔讲述了自己的故事。

教育人生

从普林斯顿大学到县立高中

见到谢尔时,她穿的正是在白宫受到总统接见时的那身粉红色套装,显得干练而不失亲切。"你肯定想问,为什么是我?"有着14年教龄的她很善于导入主题,言谈间显露着教师特有的清晰表达和标准发音。

第三章 2011年 米歇尔·谢尔:"普林斯顿毕业生"和"教师"同样令人骄傲

故事还要从多年前讲起。

1991年,高中毕业的谢尔,进入美国顶尖名校普林斯顿大学,学习化学专业。普林斯顿大学,是美国8所常青藤盟校之一,以严格的录取标准和高质量的精英教育著称,与哈佛大学实力不相上下。进入这样的学校,谢尔和其他人一样,"感觉自己的将来有无限可能"。她最初的愿望是往医学领域发展,因为化学与医药行业关系密切,希望自己将来可以治病救人。

促成谢尔"弃医从教"的因素有两个:一是来自父母的熏陶,二是玛丽·凯萨巴赫聋哑学校的学生们对她的影响。

谢尔的母亲是一位小学音乐教师,父亲是一位化学博士,两人都很强调教育的价值,在日常的言谈中时常表露出对教师职业的赞赏和尊重。"其实,教育一直是我生活的中心,"幼年时期的谢尔就曾幻想成为教师。

进入大学,谢尔全身心地投入学习,但是过多的目标和热情偶尔也让她感到筋疲力尽。为了重新找回生活中的平衡点,谢尔来到普林斯顿大学学生志愿者协会,经过一段时间的手语培训,开始了每周一次到玛丽·凯萨巴赫聋哑学校的志愿者服务。

起初谢尔是教四年级,然后是教高中化学和物理。"我太喜欢这个工作了,这就是我想要的!每周我都迫不及待地盼望着周三的到来!"至今回忆起来那段经历,谢尔仍按捺不住那种由内而外生成的热情。

就这样,两年时间飞驰而过。"有一天,在书桌前做完一个热动力学作业,我霍然起身,往普林斯顿大学教师预备项目办公室走去。"谢尔回忆道,"不管前面等着我的是什么,我知道自己就是要成为一名教师。"

从教14年来,谢尔最突出的成就当属将各种远离科学的边缘弱势学生带入科学世界。

2002年,她到马里兰州聋哑学校任教,用手语解释抽象的科学概念,使这所学校建校135年来第一次开设了大学先修化学和微积分课程。2006年,她到厄尔巴纳高中任教,让这所公立学校中报名参加大学先修课程的人数从8人迅速提高到92人。

在美国,许多学生害怕学习数学、物理、化学等科学类课程。而面向高中生开设的大学先修课程,更因高难度而让人望而生畏。但是,谢尔所教授的先修化学课出勤率达到100%,考试通过率高达90%以上。更难得的是,传统上白人、男性、精英学生占优势的化学课上,出现大量"非主流"学生的身影——聋哑人、英语学习者、少数民族和声称不喜欢科学的女生。

"你考进普林斯顿大学,却只想当一名教师?"面对这个被问过多次的问题,谢尔至今难忘当初决定投身教育时,周围人的惊讶与失望。当时,大学生中广为流传的说法是,"学得好干专业,学不好当老师"。

"1995年,1070名普林斯顿大学毕业生中,只有30人考取教师资格证,我很骄傲我是这30人中的一员。"谢尔希望,有越来越多的名校毕业生加入教师行列,而且当这两种身份同时出现在一个人身上时,不再引起人们的惊讶或失望,因为这两种身份应该同样令人感到骄傲。

教学秘籍

唤起学生心底沉睡的科学家

谢尔在教学方面最大的贡献在于,唤起每个学生心底深处沉睡的科学家。她的秘诀是,让所有学生从进入课堂的那一刻起,就觉得是在学自己最喜欢的科目,不管他擅长还是不擅长。

在日用品中发现化学

谢尔的教室布置得与众不同,没有元素周期表,也没有化学家的照片,教室里的储物柜上摆满了色彩斑斓的瓶瓶罐罐:防晒霜、洗涤剂、机油、洗发水……

这种看似杂乱无章的摆设,正是谢尔的用心之处。她说:"学生们在科学课上最常见的疑问是,学这些符号、公式到底跟我有什么关系?摆放这些日常生活用品就会让学生看到,化学是一门非常实用的学科,在我们生活中扮演的重要角色。当学生觉得自己不仅和老师有联系,而且和学科本身建立起某种关联时,他们就会变成热切的探究者。"

谢尔传递给学生这样的观念：化学只是看起来"吓人"，其实化学无处不在，化学和每个人有关。不仅仅是准备上大学的人，不是某个特定群体，也不是某个年龄段的人，而是所有人。

谢尔通常告诉学生，"其实化学的学习早在学前班就开始了，当年幼的你们玩肥皂泡的时候，化学世界就已向你们敞开了大门。""只不过，那时缺乏有效的引导，而不得当的教育方法压抑了你们心中探索未知世界的求知欲望。"

从化学的用处入手，谢尔致力于让学生建立起对科学的内在兴趣。她和学生们订立了学习的四个目标：了解化学知识，通过大学先修考试，为上大学做好准备，选择科学、技术、工程和数学方面的专业。

在她的班上，有些声称自己是"非科学人士"的学生，后来变成了未来科学家。有的学生重新燃起了对科学的兴趣，并成为实验小组的领导者。一直饱受阅读障碍困扰的学生，在大学先修化学课程考试中取得优秀成绩，有的学生取得了自然科学领域的博士学位，有的成了医生、工程师或科研人员。

有个学生毕业后给谢尔发邮件说："谁能想到我居然喜欢上化学课？感谢你的帮助，让我到大学后不再对自然科学感到恐惧。"

无论成就大小，谢尔成功地让学生和科学建立了某种联系。

第三章 2011年 米歇尔·谢尔："普林斯顿毕业生"和"教师"同样令人骄傲

像真正的化学家那样做实验

谢尔主张让学生动手，她的名言是"能自己在实验室做出来的，决不在黑板上演示"。她不断向学生输送一个信息是："走进这个教室，你就是一名化学家。"

谢尔将她的化学实验课称为"开放式实验"，即没有给定的步骤、没有标准的结果，让学生像真正的化学家那样"卷起袖管，伸出双手，带上护目镜"，全心投入地探索化学世界。

谢尔以制作电池为例介绍了开放式实验的组织方法。

"首先明确的是，制作电池的任务对学生来说不意味着按照示意图把几个部件进行连接。"谢尔强调。她让学生从寻找材料和设计方案开始，按照自己的想法去完成任务。一次化学实验课会持续90分钟，学生分小组进行实验。但是，对于一个完整的开放实验来说，90分钟时间远远不够。学生们为了更好地完成自己设计的实验，必须将许多知识、材料的准备工作提前在课下进行，而且他们很乐于这样做。

谢尔说，如果仅仅是按部就班地做实验、让学生观察实验结果，很难与真实的生活和科学探索联系起来，或者让学生错误地认为科学研究就是这样"无聊"。所以，她给学生的要求不仅仅是做出电池，还要不断完善自己的设计，比如怎样做到体积更小、效率更高、更轻便易携。她说："真正的科学就是这样，不断提出问题、解决问题、向前发展。实验在激发学生创新思维的同时，也让他们理解真实的科学探索是没有标准答案的，也是永无止境的。"

当学生在实验中遇到困难时，问谢尔接下来该怎么办。这时，谢尔不会直接告诉他们解决办法，而是看着学生的眼睛说："你需要做的就是想办法解决问题，我相信你能做到！"

课堂是老师的一面镜子

谢尔的办公室里有一个展板，上面贴满了学生的照片，谢尔用这样的方式让自己时刻铭记为什么要当老师。

"虽然教育界一直试图寻找各种策略或通过技术的进步去帮助学生取得成功，但是我认为老师远比各种先进的仪器设备、技术手段重要得多。"谢尔坚信，教师和学生积极密切的联系是他们学业成功的关键。学生在和老师的互动中感觉到自己与老师的联系，这是任何计算机和技术设备无法做到的。

谢尔致力于创造一种包容的环境，鼓励每一个学生拥抱挑战，享受学习的旅程。因为，"学生们最需要的还是融洽友好、充满能量、士气高昂的课堂学习经历"。她从学生进入课堂的第一天就告诉他们，"学习是马拉松而不是短跑冲刺"。她拒绝放弃任何一个学生，在班中强调一种"人人为我，我为人人"的理念。

分享自己的经历，是谢尔拉近师生距离的妙招。她经常和那些陷入困境的学生分享自己相似的经历。对于学生来说，普林斯顿大学毕业和美国国家年度教师两个身份让谢尔成为通过努力获得成功的象征。当谢尔告诉他们，自己在大学第一次化学考试的排名只在中游，而第二次、第三次考试也丝毫没有起色时，同学们在惊讶之余，也对照自己，增加了不少信心。

为了更好地鼓励学生去战胜困难，谢尔还向学生虚心求教、取长补短。比如，她鼓励正在学习英语的移民学生教她说他们的母语，在给一个爱好足球的学生讲解几何题后，请他帮忙解释足球比赛的规则。"当然，希望你们不要给我出题考试或留作业，"谢尔和学生开玩笑。她强调，"每个人都有一些可以教别人的长处，而每个人又都有需要学习的不足。"

谢尔在课堂上传递给学生一种理念："在学习中遇到困难是一件好事，它让你有机会成为一个强者。我们不需要所有人都擅长同一件事情，也不需要所有人都按同样的速度进步。给自己时间，敢于尝试，你会发现你能做自己从来觉得不可能的事情。一旦你经历过成功，就会认识到努力学习、直面挫折、战胜逆境，直至最后实现目标是一种多棒的感觉。"

与学生进行目光接触以及面对面交流，是谢尔的另一个妙招。她说："大多数学生需要老师提供一对一的关注，如果只给学生发个邮件说，'嘿，我听说你学习几何有困难，如果有需要，我可以帮助你'，肯定不会有学生来找你。"

谢尔相信，人性的力量更能影响学生，特别是那些怀疑自己的能力、对于学习不自信的学生。有时候学生也会找谢尔讨论能不能退出课程。她会看着学生的眼睛说："你是这个班的重要一员，我想让你留下来。"简单的一句话，力量无穷。

"课堂是老师的一面镜子，"谢尔说，"学生在课堂上表现出来的能量、目标和状态，正是他们从我身上看到的。学生都知道，我的目标不是培养几个尖子，而是所有人都能成功。当学生感到教师为他们的进步而全力投入的时候，他们自己也会变得投入，对他们自己的学习负责。"

与其重视缺陷，不如看到优势

谢尔的一个创举，就是开创了化学、微积分等抽象知识的手语教学，为聋哑学生提供了接触高深知识的机会。即使回到普通高中工作后，她的课堂上也吸引了不少传统科学课程中容易被忽视的学生群体，比如特殊需要、少数民族和女生。

如何在课堂中兼顾不同学生的特点和需求，做到差异化教学？面对这个问题，谢尔耸耸肩说："我多么希望有人能给出一套固定的菜单，告诉我们该怎样进行差异化教学，那一定会受到老师和家长的追捧，但很遗憾，实际上没有。"

"对教师来说，差异化一词主要是针对学生在课堂上具体的活动而言。我们花费大量精力使课堂教学的任务、过程和结果多样化。例如，我会通过卡片，在同一任务的前提下设置不同的难度。例如，化学当中的配平方程式，我会选择多种不同难度的题目，以适应每个人的能力和需要。对那些纸笔测验有困难的学生，教师可以提供替代方式。再比如，学生程度不一样，有的学生还没上课就知道你要讲的所有内容，我的策略是让他们成为助手，帮助其他同学。"

事实上，谢尔心目中的差异化教学不仅仅是一系列策略，更重要的是它背后的理念。

谢尔说，关于尊重学生差异的观念正是马里兰州聋哑学校的学生交给她的。当时，在阿尔班纳高中工作5年的谢尔，在工作上已经小有成就，为了更好地挑战自我，她来到马里兰州聋哑学校任教。她的任务是在这所学校为聋哑学生开设大学先修化学课程。这对于学校来说，是有史以来第一次，对于谢尔来说也是莫大的挑战。虽然她头顶有优秀教师的光环，但并不知道应该如何面对身有残疾的孩子们。

但是，很快，这些学生教会了谢尔一件事情——与其重视学生的缺陷，不如看到学生的优势。和聋哑孩子的相处，让谢尔学会了从积极的角度去看待每一件事情。于是她重新审视自己的教学：从关注每天让学生干什么，变成关注希望他们每天学到什么，然后发展出一套调动多种感官的学习方法去实现目标，包括视觉、动手、技术，总之任何能帮助学习的活动都可以进行。

随着教学经验的增加，谢尔意识到，"真正卓越的老师有能力让每一个学生感觉到他是教室中的唯一"。

"一次化学课90分钟，我班里有35人之多，如果平均到每一个人，才能和老师接触不到3分钟。怎么才能让学生感觉到自己是'唯一'呢？"谢尔时常思考这个问题。她承认，时间确实是摆在老师面前的一道难题，唯一可行的只有为学生提供个性化的学习经历。

每年开学，谢尔都会对学生做一个微型调查，设置的问题包括："你为什么选这门课"，"你对上学的总体感觉如何"，"你没来这个班时是个什么样的人"，等等。谢尔说，学生的个人陈述可以提供丰富的信息，让老师了解每个人的独特需要。"当差异化做到理念与方法的结合，学生感到被老师重视，他们就会更愿意投入到学习中去。"

目前，谢尔还在带领新教师尝试"团队教学"，探索一种几个老师同时出现在一个课堂，按照不同学生需求进行合作教学的方法，使满足学生不同学习需求的几率大大提高。

因为谢尔的丰富教学经验，她目前的工作职责更多的是帮助学习有困难的学生。谢尔说，她首先会在学生身边坐下来，和他进行一对一的交流。然后，老师们一起精确定位学生的学习困难所在。接下来，老师不是简单告诉学生怎么做，而是和他一起来面对。在整个过程中，老师要持续不断地和学生接触，直到他们具备独立学习的能力。

谢尔说，"团队教学"对于成绩不佳的学生和学校来说更为适用。

教育理念

让教师发挥人性的力量

作为美国国家年度教师，谢尔还肩负着为美国公立教师代言的职责。她关注哪些问题，如何看待当今学校教育遇到的问题呢？

美国公立教育的挑战

"让每一个学生都成功，是当前美国教育的最大挑战，也是教育改革的重点。"

谢尔主张，公立学校的教育者要努力满足各年龄段、各种能力和兴趣、各种族和各种被排斥的群体的复杂教育需求，这是一项极具挑战性的工作。她认为当前美国公立教育主要面临五大问题。

首先，是教育公平的问题。谢尔说，"教育一直被视为'伟大的均衡器'。家庭经济状况不佳的学生在学业成就上低于他们的同龄人，而缩小这种社会经济的差距是我们教育工作者面临的最复杂、最棘手的问题。我们应该为孩子提供更多人力物力，去改变学业成绩低下的学生，确保每一个孩子平等地接受有质量的教育。"

其次，有关最佳教学实践。"我们应该教什么？怎么教？该如何对学生作出评价？如何更好地将对学生的评价与教师绩效联系起来？我们如何满足公众对教育质量的需求？如何促进教师的创造性？这些都需要美国教育工作者不断寻找答案。"

第三，是学生的安全和适应性问题。在谢尔看来，"今天的教育很不幸，不得不为保护学生免于枪击、毒品、校园暴力等身心危害而绞尽脑汁。除了使学生避免这些威胁，我们还要在学校中创设包容性环境，使之能够适合所有学生，不分种族、性别、民族和信仰"。

第四，是振作教师士气。谢尔认为，教师士气低落会降低整体教育效果，需要引起教育者的重视。她说："当前关于教育的负面新闻，比如一些州大规模裁减教师，惨淡的成绩统计数据和辍学率，教育预算不足或不稳定等等，很容易让学生、教师和管理者感到沮丧。与此同时，老师被要求把这些负面情绪放在一旁，保持活力充沛去启发年轻的头脑，并且身兼数职以应对日益增加的工作要求，是不合情理的。"

最后，是科学、技术、工程和数学等关键领域的师资短缺。这对学生首要的影响是接触榜样的机会减少，同时教师流失可能带来学生学习连贯性的缺乏。在高中阶段,能够激发学生成为科学家的高水平课程开设不足,例如,大学先修课程中的微积分Ⅲ、解剖学或生理学等没有专业教师就无法开设。其结果是,一些程度好的学生在高中阶段只能选有限的几门有挑战性的课程。可见,关键领域师资对于学生满足21世纪的学习需求来说至关重要。谢尔说,美国总统奥巴马提出10年内配备10万名高质量科学、技术、工程、数学师资,但是"不受尊重与待遇过低是限制名校毕业生成为教师的瓶颈"。

提高教师待遇

被评为年度教师后,谢尔用一年的时间离开课堂,到各州和世界各国进行交流访问,相当于美国教育的"代言人"。她明确表示,自己在一年以后会回到课堂,因为教师是她的"终身职业"。

"人们往往认为,普林斯顿大学的毕业生即使投身教育,也不会一直当老师,目标应该是校长、学区负责人、州教育部官员,直至联邦教育部部长。但是,我要让人们看到,我就是一名普通的任课教师。"谢尔说,"我们的社会很奇怪,一方面在呼吁让最优秀的人成为教师,另一方面当一个常春藤盟校毕业生真的走进校园,人们又认为是大材小用。"

"在美国教育界,大学教授最受尊敬,然后依次是高中、初中、小学教师。事实上,让每个孩子做到能够且愿意学习,小学才是最重要的。而高中阶段,一些教师承担的则是大学课程,例如微积分Ⅲ、解剖与生理学等,他们关系着年轻科学家的启迪和培养。如果没有合格的老师,无异于将科学的种子扼杀在摇篮里。"

谢尔作为年度教师应邀到美国多所大学进行演讲,她总是努力传播教师的职业自豪感。但她也发现,很多大学生之所以对当教师犹豫不决,是因为这个职业相比于其他专业领域,比如工程和医疗,缺乏尊重以及福利保障。

"我最近跟一位工程师聊起,她曾经当过一年数学老师,而且表示教学才是她真正的兴趣,但是她只是'当不起教师',因为当工程师的工资是老师的两倍。"谢尔说,人们头脑中有一种刻板印象,即认为做教师是那些专业学得不够好、无法从事"真正的职业"的一种退而求其次的选择,因此收入上自然也会低人一等。

谢尔认为,师资短缺的解决之道首先是继续提高教师的福利待遇,以使其和其他职业对大学毕业生具有同等的吸引力。

同时,"对那些选择从教的人,我们应该给他们合理的班额和工作负担,以确保他们能有一个成功的开始"。谢尔说,"我指导过的一些新教师,他们工作没多久就感到不堪重负,在第一学年结束时就打算跳槽。"

谢尔分析说,新教师之所以感到困难,是因为大学没有足够的为中学科学教师设计的研究生课程。一旦走进课堂,许多老师缺乏应付大班额的教学技能,也缺乏实验室有效教学技巧。第一年当老师,他们通常会怀疑他们自己是否能顺利完成90分钟的课程。

"因此,我们需要有效的指导项目、经验丰富的指导者,为年轻教师提供支持。"根据谢尔的经验,新教师的指导者一定要有主动性和开放性。"我经常倾听新教师的心事,有时候可能是星期日晚上9点,还会有老师来找我,我也会跟他们分享自己教学当中遇到的挫折,让他们感到自己不是唯一的失败者。"谢尔还把自己的化学实验室向新教师敞开，告诉他们："学生们都喜欢这个实验室，它现在就是我上课时的样子。让我们一起探索学生喜欢它的原因。"

最后，谢尔强调，科学、技术、工程和数学教育培训离不开资源的投入。不管是地方、州还是国家层面都应该将之放在优先位置。所有教师都需要满足未来科学家的教学设备，学校应该承诺用21世纪的技术来武装教师，以使美国的毕业生掌握那些升学、就业、参与国际竞争所必备的技能。

谢尔告诉笔者，她已经成功地说服自己的姐姐——一个15年经验的销售经理转行做了一名高中教师，并且获得了公立学校的终身职位。今后她将在招募、支持新教师方面发挥更大的作用。

在分数和能力之间寻求平衡

在和中国老师交流的过程中，谢尔惊异于他们在提高学生成绩方面的成就。作为一个大学先修课程的任课教师，谢尔对考试和提高学生成绩并不陌生。对于美国政府日益强调的标准化考试和教师绩效评价，谢尔怎么看呢？

面对笔者的问题，谢尔也出了一道题："你来看看，下面这些选项，哪些能证明老师的教学是有效的？"

A.在过去三年里，谢尔女士的化学先修课程通过率分别为91%、91%、88%。

B.谢尔教过的学生中，有一位2000年毕业的学生最近获得耶鲁大学生物物理化学博士学位,现在正在教授高中和大学水平的科学课程。

C.谢尔女士2005级的聋哑学生,曾经被认为是"成绩低下"的学生,现在经常在上课铃响之前就来到课堂,并且主动要求老师早点开始上课,因为他们急着想去看看实验室里有什么有趣的事情在等着他们。

D.谢尔的5个学生在高中毕业后要求回到学校,在先修课程考试后继续参加实验室活动。

E.一个曾经对是否参加先修课程犹豫不决的少数民族学生说,她最后考试达到B级,是她个人最好成绩,而这让她拥有了上大学并选择科学相关专业的信心。

F.以上所有。

"显然,答案是'以上所有'。"谢尔说,"衡量教师的绩效责任,不应该只有考试分数一个标准。"

"当今的教育理念已经发生了变化,过去强调3R,即读、写、算,现在则变成了4C,包括批判思考能力、创造性地解决问题的能力、合作能力、与人交往的能力。作为老师,我不仅要为学生的考试成绩负责,而且要为培养他们的思维习惯负责,比如创造、革新、问题解决和今后的工作和学习技能,我还有责任培养学生自信、独立、坚韧、毅力等今后成功面对生活的特质。积极主动的教师通常会给自己设定更高标准,而这些往往是考试分数所不能衡量的。现在,我们只能寻求平衡,既要帮学生准备考试,也要让他们学到真东西。"

谢尔认为,高效的教师往往在学术和生活两方面都很成功,有巨大的个人力量去影响学生的人格形成和心理发展。教学是一项太复杂的活动,任何简单的方法都无法衡量教学的绩效。我们需要发展出一套广泛且多元的视角，据此去发现、奖励和推广"卓越教学"。

当今教育急需正能量

谢尔所在的厄尔巴纳高中有一个传统，校长每周会给员工发一封电子邮件，对他们的工作表示认可，或者对师生员工近期对学校的贡献或突出表现给予表彰。

谢尔说："这种每周一次的正能量，使我们能够更好地迎接未来一周的挑战。如果我们全国的媒体也换一种风格，每天晚上不再盯住教育的问题不放，转而关注美国公立教育里的学生和教师取得的成就，会不会也有助于改变教育的现状呢？不幸的是，教育当中的正面新闻很少能够被关注，而负面的问题总是被放大。"

"所有把学校当作第二个家的人都知道，教学工作既鼓舞人心又令人沮丧，既有奖励又有挑战。教师们可以努力工作，可以让学生感到神奇，但是如果没有所有相关者的支持，我们无法创造教育的奇迹。"谢尔认为，教育的成功需要各负其责：

"对于家长来说，我们需要您的投入和参与。家长是孩子生命中最重要的人，对孩子的学业表现也具有很大的影响力。"

"对于学生来说，我们需要你的活力和创造力。学生的责任包括：积极提问、主动分享、努力学习，并且要清楚地知道，教育会为你的人生和未来打开一扇门。"

"对于社区成员来说，我们需要您的支持和乐观态度，无论你是否有处于学龄的子女，请为教育投资，对我们的学生为社区所作的积极贡献要给予肯定，对和我们所有人相关的教育议题发表中肯的意见。"

"对于教师来说，请用你的能量和思想的火花去点燃学生的求知欲。热情是会传染的，教师对学生的影响胜过任何电脑和新技术。教师必须为课堂注入生命，尽管我们自己有时还在'缺氧'的状态下挣扎。"

谢尔说，在教育当中，人性的力量无论怎样强调都不过分。她曾经对学生作过一个问卷，问他们最喜欢自己哪一点。有一个学生说，"尽管我是一个'坏学生'，但是谢尔老师对待我的方式让我从来没有感到自己是一个'坏人'，于是我决定把自己的学习搞上去。"

"无论哪个年龄段的孩子，都是最复杂的个体，他们有梦想、有目标、有天赋、有缺点、有需求，所以无论哪个层次的教育，都是令人敬畏的职责。我们每个人都负有一部分责任，最终，美国公立教育就系于我们每个人在孩子们身上投入的时间、精力和资源，系于我们的合作与分享，系与能否将教育置于全社会最高优先地位。"

教师寄语

好老师都是一样的

在美国大使集团的协助下，谢尔在中国进行了为期一周的访问，参观了北京、西安等地的多所学校，与师生进行互动交流。她在一次演讲中对中国同行说：

其实，我并没有什么唯一的独特之处，我认为好老师的共性大于个性。我在去白宫领奖的时候，曾经和来自各州的年度教师组织过一场讨论会，内容就是一名优秀的老师应该是什么样的。我们开始进行头脑风暴，把自己头脑中关于好教师的词汇列出来，结果发现，出现频率最高的词有两个：一是热情，二是创造力。这两点，应该就是好老师的共性，而且它同样在中国的教师身上得到了印证。

教了10多年大学先修化学课程，我对考试并不陌生。但是，我的中国同行们在交流中并不炫耀他们的考试成绩，而且也不问我的。我发现，我们对学生有着相近的目标——提高创造力，培养独立思考能力。

我和北京八一中学的12位化学教师座谈的时候，"创造力"是他们提出的许多问题的关键词：你如何创造性地教授抽象的化学知识？你如何评价学生的创造力？你如何创新家庭作业，而不仅仅是做题？如果你让学生在课上进行创造性的、开放性的实验，那么你如何保证他们最终能掌握考试需要的知识？

现在，我担任教师已有10多年的时间，我仍然坚持改进教学。通常，我会给自己提出两个问题：我想让学生学会什么，如何丰富我的教学方法去使之成为现实。

作为教师，我们的使命不仅仅是让学生在校期间获得学业的成功，也要帮助他们在职场和生活中延续这种成功。我在旅行之后，希望把一些宏观的概念与我的日常教学目标与计划融合，包括：合作、灵活性、创造力、自我指导、自我管理、坚持不懈、适应性、乐观，等等。这些作为学习的大背景，让学生养成一些良好的思维习惯和观念态度，有助于在生活的各个方面获得成功。

任课教师带给学生精确和至关重要的"改变"，因为适当的教学是从有效课程到非凡的学习机会转变的关键。

我和中国教师的文化交流让我意识到，虽然我们在教学方法上有很多差异，但我们也有很多共同点。我们的目标都是帮助学生取得成功。而且我们也面临同样的挑战——不仅要让学生掌握知识，而且要发展各种技能，在全球化社会中取得成功，包括批判性思维、创造性的问题解决能力、合作能力等。

当我回到我的课堂，我会时常想起八一中学化学教师们的讨论。尽管我们身处太平洋两岸，但是我们在为共同的目标努力：和学生联系，将化学理论带入生活，设计活动激发学生的好奇心。如果再有机会，我希望学习中文，和中国老师展开深入对话。

启示

讲台是教师的荣誉

从默默无闻的三尺讲台，到走进白宫演讲，接受电视台采访，到世界各地访问。美国给予一年一度的优秀教师最高规格的待遇，让我们看到了美国人尊师重教的程度。在和2011年美国国家年度教师米歇尔·谢尔的接触中，也让我们感受到了一名优秀教师的内涵。

谢尔作出承诺，不离开教学岗位。其实，这也是大多数美国国家年度教师的选择。2010年的国家年度教师莎拉·韦斯林回到学校，半天教课，半天从事教师培训。2003年的国家年度教师贝特西·罗杰斯，完成了为期一年的全国巡回演讲后，选择了杰斐逊县的"老大难"布莱顿学校。相信这样的例子，在美国载入史册的61位国家年度教师中不是个案。

为什么这些被高高捧起的教师，不去当校长、学区负责人，甚至各州和联邦教育部官员？这背后的原因值得我们思考。

美国国家年度教师奖对候选人的前提要求是"今后计划继续活跃在教学岗位上"，也就是说，如果想借助奖项去谋个一官半职，那么你根本不在考虑范围之内。此举可谓明智，如果千挑万选出来的优秀教师都被政府"收编",可能美国只多了一些碌碌无为的管理者,还会刺激着更多教师努力工作然后离开本职岗位。但是回到教师岗位,他们却可以尽情发挥自己的优势,培养更多学生,为同行树立榜样。

从美国国家年度教师奖来看,获奖者大多出自普通公立学校,甚至是薄弱学校。帮助弱势学生取得成功是许多人脱颖而出的重要原因。国家年度教师奖不多的几条评价标准之一就是"要推动所有学生学习,无论其背景和能力",而这也是美国教育界的共识。虽然美国目前开始强调考试与教师评价挂钩,但是你教出几个中产阶级的哈佛、耶鲁学生不算什么,如果你帮助弱势阶层的学生获得哪怕微小的进步,都会赢得鲜花和掌声,甚至来自总统的奖励。尽管谢尔认为美国社会和政府做得还不够好,但是至少已经开始朝这个方向努力。

由于生源本身起点低而造成的学校表现不佳并不可怕,可怕的是由此而导致这类学校优秀教师资源的枯竭。这种枯竭既源于外部的抽取,又囿于自身丧失动力。只有当教师从薄弱校流动到优质校不再是一种"向上"的流动,只有当获奖、写论文、读学位不再是为"向上流动"积累的一种资本,我们离师资均衡才能更近一些。

第四章　2010年 莎拉·布朗·韦斯林：

创造"没有一天令人厌倦"的课堂

名师档案：
姓名：莎拉·布朗·韦斯林（Sarah Brown Wessling）
任教学校：爱荷华州约翰斯顿高中
学校类型：郊区学校
在校生数量：1250人
所教科目：英语
任教年级：十至十二年级
获奖教龄：11年

获奖理由：
　　萨拉·韦斯林用21世纪的教育技能赋予"学习者中心"新的内涵——熟练运用信息技术、丰富多样的教学内容、真实世界的学习体验和基于探究的经验获得，共同编织成一个促进有效学习的生动网络。学生说，她的课堂"没有无益的讨论，没有无意义的作业，没有一天令人厌倦"。美国总统奥巴马说，她能"让好学生变得更好，让不思进取的学生也产生学习的激情"。

"和莎拉老师在一起，哪怕是一天只有一小会儿，我们都会感到学习是一件很酷的事情。"

"韦斯林女士为学生布置独一无二、富有挑战性的作业。"

"每个反馈信息的家长都说，韦斯林是孩子最喜欢的教师。"

……

当爱荷华州约翰斯顿社区高中的学生、家长及关心教育的社会人士得知莎拉·韦斯林被提名参选美国国家年度教师，都争先恐后地为她写下洋溢着由衷赞美的推荐信，而其中多数人在评价中都不忘了说一句，"韦斯林天生适合当老师"。

教育人生

今生注定的理想职业

"新闻学、心理学、哲学，还是文学？"十几年前，一个兼具语言天赋和探索热情的女孩儿站在大学的殿堂前徘徊思索。她对每一个专业都有兴趣，并且认为这些专业都有很好的发展前景。最终，她有些

"贪心"地选择了一个能综合上述所有领域的专业——教育。

韦斯林自己也认为，她注定要成为一名教师。因为"当教师的想法产生后，心中一切有关职业的分歧就消失不见了，职业道路从此变得非常清晰"。此后，她热切地阅读和思考教育心理学、教育哲学以及关乎人类经验的文学课程。

然而，真正让韦斯林开始思考"究竟要做一名怎样的教师"，是一次偶然的机会。她参加了爱荷华州立大学课程与教学系组织的一个学习社团。通过这个社团，韦斯林遇见了许多能够综合理解并研究教学法和课堂的教育人士。这鼓舞了她对理想课堂的专业思考，也促使她想要去创造自己心中的理想课堂。韦斯林说，这个社团为她提供了成为一名优秀教师所需要的愿景和指引。

1998年，获得英语教育本科文凭的韦斯林带着"金钥匙国家优等生"等诸多荣誉，告别了大学生活，来到爱荷华州雪松瀑布社区学区担任高中英语教师。一年以后，转入约翰斯顿社区高中，正式开始了10年坚持追求卓越教学之路。

韦斯林的教学跨度相当之大，既有面向优秀生的大学先修课程，又有面向学业失败学生的新启程英语，她还开设了神话与传说、写作经验、应用传播学等诸多和语言文学相关的选修课程。

韦斯林是终身学习的奉行者。2003年，她获得英语语言文学硕士学位。2005年，她通过了专业教学标准全国委员会的严格考察，获得英语语言文学艺术及青少年和青年方面的专业教学认证。2003年至今，她兼任约翰斯顿高中英语组组长。与此同时，韦斯林积极参与学术和教育社团，是爱荷华州英语教师协会、约翰斯顿教育协会和全国英语教师协会成员。她广泛服务于许多学区委员会，包括专业发展团队、建设改善团队、阅读领导力团队和高中文学团队。除了教学，韦斯林还帮助学校开发各种各样的课程，指导其他教师，组织全州范围的教学研讨会，参与制定州一级的核心课程标准，等等。

不懈的努力终有回报。2010年1月，韦斯林获得爱荷华州年度教师奖，并成为该州教育大使。此前，她还两度获得爱荷华州长奖"最受学生喜爱的教师"，爱荷华州英语教师协会"未来教育领导者奖"和"最有前途教师奖"。

不过，在众多荣誉中，最让韦斯林感到开心的是来自学生的肯定。从2002起，她连续8年被学生选为约翰斯顿高中"顶尖午餐"最受欢迎教师，先后4次被毕业生投票选举为"毕业早餐"发言人。

2010年，年仅35岁的韦斯林从来自各州的57位候选人中脱颖而出，成功当选美国国家年度教师。当她走进白宫，从奥巴马总统手里接过具有象征意义的水晶苹果时，韦斯林动情地说，"我早就知道，我的学习和教学故事并不是我一个人的事情，我的成就源自我的学生。"

教学秘籍

创造以学习者为中心的课堂

创造以学习者为中心的课堂，这在韦斯林那里不是一句写在论文里、被说滥了的口号，而是实实在在的方法和行动。

发现每个学生不自知的潜力

韦斯林相信，以学习者为中心，就是把每个学生当作独特的个体，给予关怀并鼓励每个人做最好的自己。因而，在谈及教学经验时，她别有深意地将其化为一个个引领具体学生学习成长的故事。

梅雷迪斯

梅雷迪斯是韦斯林班上一个天资聪颖、性格安静、学习刻苦的学生。韦斯林和梅雷迪斯的初次相遇是在高一英语课上。从那时起，韦斯林就从她的眼中看到了对知识的渴望和能够感染他人的潜力，但是她也意识到，梅雷迪斯对自己的能力没有清晰的认识，需要增加自信和耐心。

韦斯林认为，对这样的学生，老师所需要做的是引领她按照她自己的步伐不断成长，直到一切都进入正确的轨道。

韦斯林建议梅雷迪斯使用"学习地图"——一个贯穿学期始终的文件夹，对自己每一次作业进行记录和反思，以便更好地认识自己的进步和学业目标的实现。当梅雷迪斯交上这份特殊的期末作业时，韦斯林发现，梅雷迪斯敏锐地认识到每一篇作业是如何为下一次作业奠定基础的，她思考和记录自己取得进步的过程，并且进一步为未来设定目标。

"看到这一切，我连忙邀请梅雷迪斯在高二时继续上我的课，因为我希望见证她所取得的每一点进步，"韦斯林说，"另一方面，她仍然需要知道我对她的看法，她是一个意志坚强、求知若渴的姑娘。"

到高三时，梅雷迪斯已经解决了高中刚入学时对自我认识不清的问题，韦斯林则不失时机地提高了对她的要求。她鼓励梅雷迪斯独立思考，将提问的内容从"是什么"转变为"为什么"，从"为什么"发展为"为什么不"，再从"为什么不"深入到"如果这样，那么？"

那年春季，梅雷迪斯在爱荷华州长的学术认可项目中获奖，邀请韦斯林作为"对她影响最大的教师"出席颁奖典礼。她母亲对韦斯林说："当我和梅雷迪斯讨论究竟该邀请谁时，她告诉我这是一个非常简单的选择，她说希望邀请的老师是韦斯林，因为是韦斯林老师教给了她如何思考。"

现在，梅雷迪斯自己已经成为一名八年级教师，并且取得了博士学位。"在她获得学术成功的时刻，我非常骄傲地送给她高一时画的学习地图，相信当她以一名教师的身份走进课堂时，会想起我送给她的礼物，"韦斯林自豪地说。

第四章 2010年 莎拉·布朗·韦斯林：创造"没有一天令人厌倦"的课堂

泰勒

泰勒是一个麻烦不断的学生。他易怒、敏感，表面看上去令人生畏，但内心迷茫，充满恐惧。泰勒在韦斯林教授的"新启程英语"课堂上学习。那个班的授课对象是28个高一英语考试不及格的学生，班上每一个人都自由散漫，情绪低落。

"每个学生背后都有一个故事可以解释他们为什么是现在这样，"韦斯林说。为了更好地了解学生，韦斯林开始在办公室吃午饭，利用这个时间阅读学生日记，尝试发现每个学生身上令人欣赏的特质。

很快她发现，这群孩子中有一个叫泰勒的学生，对周围的伙伴有一种强大的号召力。"泰勒是这群孩子的英雄，他身上所体现出来的强硬性格和自信心让这群孩子很崇拜。在许多方面，理解泰勒意味着理解整个班级。"

通过泰勒的日记，韦斯林了解到，他爱好画画。于是，韦斯林决定从他的爱好入手激发他的学习动机。

韦斯林花了几个星期的时间，却没有成功说服泰勒把他的画作带到课堂进行展示。一天，泰勒不知什么原因，比平时更加烦躁地走进韦斯林的教室。这堂课上，他没学一点英语，而是坐在教室后面的座位上画了一幅素描。韦斯林并没有打断他的"创作"去要求他听课。韦斯林发现，泰勒这幅素描绘画技巧娴熟，表达感情丰富。下课时，泰勒主动把这幅素描夹在教室的公告板上。

下一节课是大学英语先修课程，学生进入教室后，一眼就看到了教室后面贴出的素描画，并且发现这是已经学过的一部文学作品中的人物形象。"艺术家都想得到别人对自己作品的反馈，"韦斯林想。于是，她快速抓起一叠便利贴，要求这些学生写下他们对画作的第一印象，并将这些感想贴在画作的旁边。

第二天早晨，韦斯林把泰勒叫到教室，把早已准备好的纸条交给他，上面写着："一个艺术家最宝贵的价值在于能够影响他人。看看你做了什么。"看到有些困惑的泰勒，韦斯林朝贴着素描画的公告板指了指。看到那么多来自优秀生的赞赏，泰勒露出了难得的笑容。那天下午，泰勒又在教室公告板上挂了另一幅画，之后收到了更多来自同学们的小纸条。

自此之后，这成了一个不成文的规定——"处于危机边缘"的学生们张贴他们的画作，学习大学先修课程的学生对这些画作给予反馈。"这一切其实并没有奇迹般地改变我的5小时课堂，但是却改变了这群孩子，尤其是泰勒。泰勒在接下来的两年中每天都在为顺利毕业而努力，他每天都会来到我的教室，跟我打个招呼，"韦斯林开心地说。

汉娜

汉娜是一个矛盾的集合体。她非常聪明，但学习动机不强；社交能力强，但不招人喜欢；个性鲜明，却常被人误解。

韦斯林说，"教师不可避免地遇上对学习毫无兴趣的学生。当我面对这类学生时，我没有对他们产生绝望情绪，也没有抱怨他们为何没有取得与自身能力相称的成就。相反，我总是能够切身感受到他们这群青少年所常有的焦虑之情。"

韦斯林认为，激发这类学生的学习兴趣需要让他们认识到上学的意义，而不仅仅把上学当做游戏敷衍了事。韦斯林时常邀请汉娜到办公室来，请她帮忙做一些事情，让她感受到老师对她的关注，以及学习对于现实生活的直接作用。

后来，计算机课教师在学期初时给韦斯林发了一封邮件，邮件写道："我只希望让你知道，你在学生身上燃起了希望，你让学生达到了他们从未达到过的高度。汉娜不停地谈论她和你在一起时学到了什么，从她身上看到她对学习的热情是很令人激动的。"在一个短期项目即将结束时，汉娜跑到韦斯林的教室，手中拿着自己的作品对她说："是韦斯林老师的爱才让我完成它。"

在这句话的背后隐含着一个事实：当教室成为一个具有足够包容度和充满希望之所时，学生厌学的问题就不再那么难解决。

这样的例子在韦斯林班上不胜枚举。每个学生都感到，"整个学期韦斯林老师都会亲自给我的学业以指导和帮助"。在汉娜之后，一对双胞胎找到韦斯林，互相看看鼓起勇气说："我们终于来了，现在轮到我们了。"

从这对双胞胎的话中，韦斯林认识到了维持班级文化的一个个独特的故事。"我最大的贡献是我的学生和他们的故事。正是从这些学生身上，我对教学的坚持、对教学的努力、对教学的真实感受才有了实现的可能。"

获得真实的学习体验

"当知识与学生的自身经验相关，当他们有一个真实的学习目的，学生会主动建构知识。"韦斯林致力于将课堂教学与真实世界联系起来，让学生们获得真实的学习体验。

韦斯林努力打破小课堂的局限，把学生领向课堂外的广阔世界。

她曾用一整年的时间邀请各类读者,包括商人、神职人员、公务员、公众人物等,来到学校和学生讨论他们书架上有什么书,让学生在倾听、阅读和与嘉宾互动的过程中认识到,"阅读是一个伴人一生的习惯,是有地位的成年人都非常喜爱的业余活动"。

阿拉巴马州的一位作家曾经应邀走进韦斯林的教室,对学生"极具深度的提问"留下深刻印象。在与作家见面前,韦斯林让学生在课堂上举行过多次讨论会,这样"当学生进入大学或在其他场合中,他们就知道一次启发人心智的谈话应该是什么样子了"。

韦斯林另一项独一无二、富有挑战性的教学活动,是在学完一篇有关美国梦主题的文学作品后,让学生提出"拨款建议书",帮助社区居民实现属于他们自己的美国梦。

学生以小组为单位,深入社区展开调查,了解当地居民的真实生活,找出那些由于种种原因无法实现梦想、需要帮助的人,然后向社区申请拨款,帮助这些人实现梦想。学生需要独立撰写项目建议书、制定预算表,并且向社区居民组成的评审委员会进行说明。评审委员会向各个小组提供反馈意见,并且决定他们的项目能否获得资助。

在整个过程中,各个小组的团队合作、分析问题能力、前期准备的充分程度、提交的文字和视频材料以及口头汇报等都作为最后评定的内容。韦斯林说,"这些技能都是学生离开高中,继续上学或者在社会上工作所必需的技能。"这个小型实践活动吸引了社区成员的参加,也为年轻人与成年人之间搭建了桥梁。

这个有关"拨款建议书"的教学活动后来被美国一家教育机构拍摄下来,并制成了DVD光盘,用来展现爱荷华州核心课程五个有效教学的特征。"令我非常兴奋的是,我的故事可以使内隐性的事物外显化,并且丰富教师和学生的体验,"韦斯林说。

事实上,在韦斯林所教的每一个班级,都可以看到通过严谨而实用的探究经验建构知识的活动。

在新启程英语班,韦斯林给学生布置的任务是:经过调查,制定一份学习者的《人权法案》;重新撰写课程说明;写一首和学校校训相配的校歌。

在高中二年级,韦斯林让学生阅读非小说类文学作品,记录他们讨论的内容,从阅读的书籍中找到有意义的话题,并且拍摄成公益广告。

在应用传播学课上,学生们对社会各种职业提出核心问题,并且创建自己的"客户服务哲学"。

在选修写作课上,韦斯林让学生尝试写作多种风格的论文。

在神话和传奇课上,每个学生用之前课文中学到的内容设计一个"超级英雄"形象。然后在脸谱网站上提名这一人物角色为"年度英雄",同时每个人还要设计超级英雄人物的获奖感言。

大学先修课上,韦斯林带领学生超越了传统的文学分析课程,他们为电影预告片设计脚本、撰写项目策划书、模拟离职面谈。

韦斯林说:"我认为当学习的目的非常清楚,当学生看到自己的热情、问题和动机能够通过努力学习得到反馈时,学生就会更加投入到学习之中。"

把评价当作教学的脚手架

"把对学生的评价当作教学的脚手架,而非打击学生学习积极性的工具。"韦斯林这句"名言"背后是她对学生评价的积极尝试。

韦斯林认为,自己最成功的评价策略可能是将现代信息技术融入对学生的评价过程中。韦斯林经常为每一个学生录制个性化的播客,在音频文件中对学生的作文进行评论,然后将这些文件通过邮件或闪存盘发送给学生。

"我把自己当作一个读者去阅读学生的作文,我会对作文提出质疑,也会提出反馈,或者我会要求学生解释为什么只在第一自然段使用被动式,"韦斯林说,"在播客中,我的学生能够听见我评论他们作文时说的话,他们也能感受到我对他们论文中的思想和观点感到兴奋。"通过此种方式,韦斯林完全将对学生的反馈个性化。学生在听到韦斯林的反馈后,会根据要求对论文进行修改。

韦斯林在播客中经常提到自己总结出的"六步作文修改法",分别为语法、修辞策略、论文的完善、质疑、论文的优点以及鼓励。这六个步骤的英文首字母组合起来是GREASE,和"汽车修理工"一词接近,于是便给它起了个名字"汽车修理工改作文法"。

对于韦斯林发给学生的播客,每一个学生都感到受到了老师的关注,并且得到了有针对性的指导。有时候,不仅学生会反复收听来自莎拉老师的播客,学生家长也会跟着一起听。一个学生的父亲是当地的一名法官,他在参加家长会时找到韦斯林说:"听了您对我女儿提出的写作建议,我自己的写作都有了进步。"

> 教育理念

学校应成为学习者共同体

同样,对于我们来说,大多停留在概念阶段的"学习者共同体",在韦斯林那里也已经成为对待学生、同事的准则。

把讲台搬到教室的角落

当高三学生第一次走进教室时,韦斯林并没有给学生每人发一本课程大纲。她邀请他们在教室地板上围坐一圈,发给他们一篇有关柏拉图"洞穴寓言"的文章,然后点燃蜡烛。韦斯林告诉这些学生,在这门课结束时,会请每个人再来说说学习这门课程的感受。

韦斯林说,这个情景恰就如放在中间的那根蜡烛,是对自己教育哲学的最好阐释——学习应该以学习者为中心,学习过程是建构的,学习的能量潜藏在每个人身上。

"每一个进入我教室的学生都是学习风景的一部分。成为一个以学习者为中心的教师意味着尊重每一个学习者,意味着通过建立共享的目标和价值观来创建一个学习共同体。"韦斯林说,"在营造这样的学习环境时,教师首先需要摒弃的观念是'我是正确答案的拥有者'或者'我是知识的过滤者'。当观念转变后,就会给学生带来很大自由,让他们敢于去挑战,使他们认识到他们应该学习的榜样是会探究、会质疑、会思考的人。"

作为教育理念的一种实践,韦斯林把自己的讲台搬到教室最后面的角落里。她解释说:"讲台放在教室后面取代了所谓的森严的师生等级,从而创造了一个教师成为领导性学习者的环境,使课堂成为一个没有界限的相互依赖的网络。当我们拥抱这样一个学习的开放模式时,我们课程的消费者——学生将变成他们自己学习的设计者。"

韦斯林这样做,并非推卸教师的责任。相反,她把教室看作是一个神圣的场所,因为"正是在教室中,学习才得以发生"。韦斯林把自己同样置于她为学生所创设的情境中,她也按照学习发生的方式做出反应,她认识到,"通往自主学习的路径不是一个个知识点的简单积累,而是对繁杂的、有教育意义的思想的不断追求。"

韦斯林的学生凯尔西·海德说:"莎拉老师的课堂最典型的特征是成为了一个学习共同体。小组合作可以帮助我们了解班里的其他同学,面对最具挑战性和最令人生畏的课文,轻松自在地与他人分享我们的观点与思想,让我们每个人的性格、经历与思想都能跳出学校的小圈子,向同学们展示我们最真实和最丰富多彩的一面。"

韦斯林说,"教师要了解学生,意味着必须了解学生是如何学习的,他们所需要的反馈形式是什么,何时给予教育,何时只需停下观望。"

"最重要的教育往往发生在看似最微不足道的瞬间。有时发生在我与学生讨论写作的会议上,有时发生在我和学生使用整堂课的时间质疑、探索、支持某一个思想观念的过程中,有时发生在当我意识到学生并没有理解我要表达的内容而自言自语的时候,有时发生在我通过多样的评价方式对学生进行反馈的时刻。"韦斯林说,"总之,我希望给学生提供许多即便失败也不会被惩罚的机会,这样他们才能去挑战智力的高峰。"

关于21世纪教育的思考

韦斯林因为在教育工作中的出色表现,受聘成为爱荷华州立大学的客座讲师,为职前教师进行技术与教学课程培训。每次培训前和培训结束时,她都会问新教师一个问题:"你们是在21世纪时代背景下进行教学,但你们是否是一名21世纪的教师?"

"许多人听到这个问题后,会快速地看他们的笔记本电脑、黑莓手机或者苹果音乐播放器。没错,这些电子设备都显示着他们身处21世纪,但是能否就此说明我们是21世纪的教师呢?"韦斯林接着问。

韦斯林认为,21世纪的教师,应该将科技产品用作评价学生成绩的工具,但绝不能使这些科技工具代替学生真实的学习体验。她提出以学习者为中心的教育学,其教育理念是"为学习者创建一个将严谨的教学内容、真实的生活体验以及基于探究的经验融为一体的网络"。韦斯林说,教师也是这个网络的一部分,也有明确的学习目标,需要接受指导,也要有十足的好奇心。教师也一定是一个学习者,一个学习过程与元认知方面的专家。

教师应该教给21世纪的学习者什么样的技能呢？韦斯林说，"当前美国有众多教育热点问题，但没有一个比培养21世纪学习者的技能更加受到人们关注的了。"她认为，现在被政府官员、学校行政人员、父母和教师奉为圭臬的"21世纪技能"，其实可以追溯到古希腊时期智者派和苏格拉底的辩论。

"智者派所持的观点是，对技能和技巧的掌握可以使人们在社会上取得成功。苏格拉底派强调的不仅仅是教育内容，还强调'为什么如此'以及如何学习，"韦斯林解释说，"在21世纪该学习何种技能的大讨论中，支持者提出，当今的学生在问题解决能力，批判性思维能力，以及在千变万化的世界中具备全球性视野还远远不够。反对者则指出培养学生的问题解决能力、批判性思维等技能会使学生'远离核心知识的学习，降低教学标准，削弱教学的作用'，这与几千年前的争论何等相似！"

"打破知识与技能相对立的关系，"韦斯林认为21世纪的教师应该做到这一点。她引用自己推崇的两位教育家杜威和泰勒的观点，来说明知识和技能之间并不能割裂。"学校应该为学生的学习提供真实的环境，这样学生可以理解材料的内容和材料所传递的问题。""个人经验是全面理解事实的前提条件，其中理解是学习的目的，是个人经验是达成理解的工具"。

韦斯林说："我们必须认识到，教学的意义在于学生把所学知识应用到技能中去。如果不注重技能的学习，学生只会记忆事实，为了完成作业而记忆细节性知识，把教育经验置于被动的位置。如果不注重知识的学习，学生可能会陷入另一种错误的教育情境：学生在解决问题或者进行团队合作时会陷入繁琐细节之中，陷入到没有严格要求的实用性之中。"

韦斯林建议，在了解了知识与技能二者之间的关系后，把争论双方的内容进行综合，将双方观点合并在一个框架中进行讨论。她的建议包括：

从培养技能到培养能力。依靠技能建立一个学习标准会忽视学习过程的关键方面。认为只要学会的技能就很容易迁移的观念是有失偏颇的。如果学习的技能没有同类型技能的复杂性，没有类似的内容和背景，就会使我们的教学只是流于表面现象，学生学习的技能都是程序化的，学生自身不是真正的思考者。然而，培养学生解决问题和批判性思考的能力意味着学生必须全身心地参与到学习过程中，才能充分理解给定的内容。

认识和建立学习者共同体。所有的学习者，包括学生、教师和教育行政人员都需要有打破阻碍学习共同体发展的阶层金字塔的意识。不论是找到解决复杂问题方法的学生，还是将社区融入课堂的教师，或者是创建专业学习模式，使教师能够提升教学技能的行政人员，"积极自然的学习共同体的特点是把共同体中每个人的智慧以及情感都带入到共同创建知识的过程中。"学习共同体带来共同的倾向性。

制造可计算的冒险。苏格拉底称之为"困惑"，皮亚杰称之为"适应"，维果茨基称之为"最近发展区"，许多参与21世纪学习对话的人们称之为"可计算的冒险"。不论使用何种称谓，我们必须想方设法为学习者制造适度的认知失调(cognitive dissonance)。在"知道"与"不确定"之间存在一个认知空间，这为学习者发展问题解决能力、批判性思维能力、与人合作能力以及对不确定事物的容忍度提供可能性。从"是什么"到"怎么做"以及"为什么"的转变需要我们选择培养

091

这一认知机制转变的教学模式。

加大对教师培训的投入力度。重新设计教师的入职准备项目，使教师能够转变学生的认知模式，把教学内容、批判性思维的培养以及对学习结果的评价三者稳固地融合起来。芬兰对教师项目的投入力度很大，此举能帮助教师提升教学技能，加深对教学地理解。

改变我们看待评价的方式。过多的测试将会缩小课程范围。而一项研究表明，美国学校对学生评价时强调"外部发展，用机器计分"，却很少为教师提供参与评价学生的机会，或者为学生提供分析问题、解决问题或者阐述思想的机会。芬兰、瑞典和澳大利亚花费30年的时间才做出这一改变。但是，对21世纪学习的严肃讨论要求我们转变对评价的定义，对评价的使用以及从评价中总结经验教训的方式。

打破彼此孤立的状态

"在永不知足的社交网络时代，人们很难相信教师间是孤立的。这些即时通讯科技看似遮蔽了一个潜在的学校等级机制，这一机制使教师彼此孤立，无法建立密切的关系。孤立通常会导致平庸，平庸的最终结果则是教师在自己的岗位上平平淡淡工作几十年，直至退休，"韦斯林说。

作为一名专业人员，她致力于打破这种隔绝孤立的状态，积极寻找人与人之间的依赖感。她说："当我思考自己在教学专业上做出的成绩时，我认识到我所做的努力是在编织依赖与关爱的复杂模式，建立学习者共同体。"

"建立共同体的第一步是建立稳定的人际关系。"为此,韦斯林从指导她的人身上学习知识,向听课者、实习生敞开教室大门。这些重要的合作能够给她更多反思的空间。她同样也与英语组的同事建立良好的合作关系。韦斯林在约翰斯顿高中并无行政头衔,但她的工作职责相当于英语组组长。她成功地转变了英语组论资排辈的决策方式,采用一种更加平等自由的领导风格。"在这样一个工作环境中,所有人的声音都可以被听到,这样的环境允许更多关键变革的发生。"谈到这里,韦斯林颇感自豪。

在韦斯林的职业愿景和领导风格的指引下,约翰斯顿高中在2009年秋季开设了15门与州核心课程标准一致的新课程。学生们参与到课程的设计过程中。为了使学生能够通过更综合的方式学习,每一门课程都按主题设计,由几个关键问题引导,并整合了英语学习的各部分内容,包括:理解小说或非小说文学作品时训练学生阅读、写作、言语表达、评论、倾听的能力,同时配有多样化的写作模式。在这一新的教学尝试中,老教师重新燃起教学的激情,新教师的心中播下了自信的种子。

韦斯林参与的专业发展活动已经大大超出她所在的爱荷华州。她通过加入国家专业教学标准委员会建立人际关系网络,虚心向他人学习,在全国英语教师协会年度会议上作为发言者与他人分享观点。对此,曾经接触过韦斯林的一家教育机构专业学习和教育领导顾问贝卡·林达尔评价说:"不论是面对一个学生,还是一个会议室的参会人员,她总是能够有效地观察与倾听,能够关注到别人所忽略的东西。"

正是在这种网络中,韦斯林看到在教学专业内部责任转变的必要性。她认为,"为了使教育有所改变,教师和教育行政人员必须达成一致,在能够预期风险的前提下,努力提高学生的学习能力。如果没有达成这种一致,我们仍然会被标准化测验牵着鼻子走。"

"教学中最有效的责任来自于在同行之间建立一个专业学习共同体,这一共同体会更加看重每个成员自我的提升改善而非惩罚。如果我们仅仅通过标准化评价工具去评价学生或教师,我们在此种'求同'文化中非但不能创设平等的环境,还会'培养'平庸之辈。"韦斯林呼吁,"我们必须将关注点转向高效教学与学习的方向与行动上来。为了培养关注有效教学的教师,我们必须使用超越测验分数的基于绩效的评价系统,奖励和创造有效教学的模式。重新定义教师责任,意味着重新定义教师的专业化学习。我们应该学习那些通过组成专业发展小团体致力于改善学生成绩的教师们。"

教师寄语

我相信……

作为一名英语教师,韦斯林的教学已经远远超出传统意义上的

"语文"。她关于语言和文学教育的思考,对于我们重新思考"语言"和"文学"在青少年成长中的作用大有裨益。她的个人网站上,一篇名为《我相信》的短文中对自己也对无数正在并肩奋战的同行这样写道:

我相信,每个学生都拥有学习的能力和获得同等教育的权利。

我相信,教师应该将学生视为曾经的、现如今的以及今后可能成为的阅读者而加以重视。

我相信,教师应该助力学生成为终身学习者。

我相信,课堂本质上应该以学习者为中心,教师是带头学习者。

我相信,文学研究的工作应该就是提出问题,并满足于不是所有时候都有答案。

我相信,教师应该鼓励学生并给予其权利从不同的批判视角阅读文学。

我相信,教授和学习文学的最佳方式,是使阅读者与这篇作品建立联系。

我相信,教师应该教我们的学生如何学,而不是仅仅学什么。

我相信,学生应该感受多样化的文本,体会那些难忘的读物带给我们的安慰,那些来自不同文化与民族的作品给我们带来的挑战,那些来自不同时代、具有不同风格的作品带给我们的影响。

我相信,学生应该体验文学的各个流派,并认识到它们对每个人所具有的个性的和共性的影响。

启示

理念与行动都很重要

或许是因为身为英语教师所具备的对语言文字的天然优势，韦斯林展示在我们面前的是一个丰满而生动的优秀教师形象。

她的出现，让那些教育理论中似乎遥不可及，却又多少有些审美疲劳的概念，比如"以学习者为中心"、"真实的学习体验"、"挖掘学生潜力"、"改革学生评价"等变成了近得可以感受到温度的具体事例。

韦斯林给人留下深刻印象的是她无处不在的创造力。将各行各业的人请到教室里来分享自己的阅读经验，围绕学生随手贴出的画作展开讨论，写项目申请书来帮社区中的困难人群实现梦想，写电影宣传片脚本……看到这些，让人不禁轻呼，原来"语文"可以这样教。

母语，是一个民族文化的传承，是我们理解自身文明的利器，是一个人立足社会的基础。如果仅仅将它窄化为机械的背诵记忆，对照答案的中心思想、段落大意，那它就有可能成为无本之木、无源之水。而当它与我们的日常生活、与人类的伟大思想、与自身的思维意识紧密联系之时，它是那样生动、优美、丰富多彩。

在韦斯林那里，"个性化的指导"似乎也不是什么难事。看得出，她教学的范围并不是我们想象中十几个人的小班。她给考试不及格的"学困生"上完课，紧接着就要切换到"优等生"的大学先修课程，还开设了多门选修课程。但是，她创造性地运用现代信息技术，在播客里对每一个学生的作文进行有针对性的点评，就可以成功地让每个学生都感到老师重视自己。

其实，播客也只是一种形式，如果没有对"以学生为中心"的理解，信息技术也可能只是教师"发号施令"的传声筒，而有了"以学生为中心"这盏烛火，即使是最传统的书面评语，也一定会让学生感到温暖。

韦斯林这些看似信手拈来、灵光乍现的"创造力"，其实背后是她全心的投入和付出。她开玩笑说，自己早就不带手表了，因为时间总是催促自己还有太多事情没做完。为了通过日记和学生进行交流，她中午改在学校吃饭；为了创造精彩的教学瞬间，不知搭了多少个人的时间。

要成为一名优秀教师，在"付出"这一点上来说，无论中外，无论何种文化，都是相通的。就如同韦斯林敏锐捕捉到的事实，"许多教师没有吝惜自己的时间，而是创造出让学生们惊呼'时间飞逝'的课堂；许多教师没有抱怨抽不出时间，只是互相问问'你昨晚几点睡觉的'。"

第五章 2009年 安东尼·马伦：

不让一个孩子掉队

名师档案：
姓名：安东尼·马伦（Anthony J. Mullen）
任教学校：格林尼治高中阿奇分校
学校类型：郊区学校
在校生数量：35人
教学领域：特殊教育
所教年级：九至十二年级
获奖教龄：7年

获奖理由：

  从工厂工人、缉毒警探到特殊教育工作者，马伦用一颗爱心、一份耐心和一片真诚，帮助徘徊在社会边缘的"不良少年"迷途知返，让他们的人生重回正轨，再现阳光。他坚信，一个教师必须能为学生照亮前行的道路，激发学生热爱学习的动机，使教室成为学生长大成人的地方。

2009年5月，新当选美国总统的贝拉克·奥巴马在白宫玫瑰园迎来了一年一度的"美国国家年度教师"——安东尼·马伦。

这位沉稳、温和的中年男教师看上去并没有什么特别之处，但他的经历却堪称传奇。他教授的是全美国最具挑战性的学生——那些被判定为行为和情感障碍（behavior and emotional disorders，缩写为BED）、被其他学校拒之门外的孩子们。更为特别是，在当教师以前，他的身份是一名警官。

奥巴马在讲话中对马伦赞不绝口。他说，马伦视帮助那些被学校开除或被社会"边缘化"的青少年为"荣誉"和"幸运"，总是尽全力给这些孩子们一次重塑人生的机会，自己却从不要求回报。他在工作中充满激情，善于发掘每个学生身上的闪光点，不让任何一个孩子"掉队"。他还经常利用课余时间找学生单独谈心，耐心倾听孩子们的想法，帮他们树立自信和团队合作精神。

"我们每个人生命中都有托尼（安东尼的昵称）这样富有爱心和智慧的人相伴，"奥巴马动情地说，"他们总在我们最需要时守候左右，畏缩时帮我们加油打气，迷途时拉我们重回正轨，不论我们多难相处，就是拒绝放弃我们。"

教育人生

不惑之年警官变教师

年近50的马伦在获奖时仅仅当了8年老师,相比于他的警察生涯,他在教育领域算不上"资深"。2001年,已到不惑之年马伦决定从纽约市警察局申请退休,改行投身教育事业。在应聘时,他专挑教育"问题学生"的岗位。这不仅仅因为他在当警察期间,时常遇见因学业失败而走上犯罪道路的年轻人,替他们感到惋惜,更因为他早年的经历使他对贫困阶层年轻人的生活感同身受,希望通过自己的努力,让他们明白教育对一个人的重要。

马伦出生在一个普通的工人家庭,幼年时期家境窘迫。他的父母都是欧洲移民,经历过20世纪30年代经济大萧条的困苦,也参加过第二次世界大战。作为战后出生的一代,马伦的父母曾经努力为其营造安宁的生活环境,在马伦很小的时候,就让他知道只有教育可以消除愚昧、贫穷、饥饿和战争。父母期待马伦成为家庭中第一个进入大学的孩子,不再遭受莎士比亚笔下那种"人生巨大的不幸与灾难"。

然而,父母过早离世,中断了马伦的大学梦。为了生计,他高中毕业后进入一家工厂工作。单调乏味的流水线工作,给了马伦自我反思、规划人生的机会，他第一次产生了成为一名教师的念头。

做教师必须有大学文凭，为了支付学费，马伦需要一份能获得更多薪水的工作。当时，纽约市出台了一项政策，为那些"有高中文凭，但没有一技之长的勤劳年轻人"提供了一些政府工作岗位。就这样，马伦通过申请，成为纽约市警察局的一名警察。

从一名普通的警察到缉毒警官，一转眼20年过去了。但是，马伦始终没有忘记最初的梦想与责任——成为家庭中第一个接受高等教育的人，成为一名教师。

在当警察期间，马伦边工作边读完了长岛大学的本科课程，获得了学士学位，并获得了优秀毕业生的称号。对于这段经历，马伦说："我实现了父母对我的期望，这令我非常自豪。同时，我也通过自己的经历证明，童年遇到的坎坷挫折并不会跟随我们一辈子，这份信念也是我最希望传递给那些身处逆境的孩子们的。"

警察局的工作，让马伦有了许多和"问题少年"接触的机会。他发现，年轻人如果没有接受良好的教育，又缺乏正面的成人榜样的示范与引导，他们这辈子就很可能面临身陷囹圄的危险。马伦发自内心地希望为这些孩子做些什么，为青少年树立一个积极的成人榜样。带着一种"不抛弃、不放弃"的信念，不惑之年的马伦攻下了教育学专业的硕士学位，使自己的教师梦更进了一步。

为了更好地实现理想，马伦申请从警察局退休，并开始寻找一个专门以"问题少年"为服务对象的工作岗位。最终，他如愿以偿地来到位于康涅狄格州的格林尼治高中阿奇分校——一个以行为和情感障碍学生为服务对象的特殊教育项目。

马伦谈起自己弃警从教的选择时说："作为一名警察，当你碰到那么多迷途少年而想拉他们一把时已经太迟。而当教师则不同，你可以花大量时间帮助那些危险少年，及时阻止他们犯罪或去伤害别人，让他们回到正轨而不是走上歧途。"

教学秘籍

宽松和秩序都重要

格林尼治高中有两个校区，一个校区招收普通高中生，另一个校区——阿奇分校属于特殊教育学校，专门接收有"行为和情绪障碍"的学生。

被诊断为行为和情绪障碍的学生，有的饱受沮丧、焦虑、躁郁症乃至更严重的精神疾患的折磨，有的则沉迷于药物或酒精而不能自拔。他们中的许多人都有过多次犯罪被捕的经历，被其他学校拒之门外。因此，阿奇分校在当地社区并不是一个受欢迎的地方。但马伦的到来，改变了这里的一切。

对每个学生不抛弃不放弃

马伦追逐"教师梦"时不抛弃、不放弃,走上教师岗位后,他也把这个人生信条融入了自己的教学理念。

"让托尼脱颖而出的,正是他坚持做大多数人都认为不可能做到的事,并且最终取得了成功。"马伦的一位同事图森说,"他加入到这群学生当中,给他们带来希望,让他们摆脱一切预设的观念,比如他们是谁,他们能做什么,他们有什么问题。他的学生懂得托尼对他们的关心,因此也竭尽所能做到最好。"

"我的学生被别人看作是'破损的玩具'——他们固执、易怒、有攻击性、缺少社会交往技能、不会寻求帮助。"马伦深知,他的学生如果不是在单独的特殊教育课堂中接受教育,他们将面临辍学,很快会滑落到社会阶梯的最底层。这些学生非常渴望老师能在他们黑暗的人生中涂上鲜亮的颜色,但是他们不懂得表达内心的独特需求。

"因此,教师必须找到合适的方法去教授和指导这些内心敏感、极易受到伤害的学生。教师在这些学生的眼中代表着希望以及'明天会更好'的信念。"马伦说。

"马伦先生对学生和自己的工作都抱有很高的期望,"马伦的同事哈丁在给国家年度教师评选委员会的推荐信中说。

马伦认为,对于不幸罹患行为与情绪障碍的孩子来说,解几道数学题也许并无多大意义,重要的是让课堂变成促进他们成长的地方。他投入大量私人时间,为学生设计了许多独特的课程。

和普通课堂上以学科和知识为中心不同,马伦的课堂非常贴近实际。他设计的课程兼具挑战性和实用性,范围从园艺学、木工、辩论术到人体生理、美国法律、家居改善。例如，他会带领学生一起种植花卉，让学生从中学会等待和坚持。当粉色和蓝色的牵牛花在教室中开放的时候，学生也会感到坚持带来的成功和喜悦。他要求学生通过减少不良行为而获得尊重。他的教学风格、高行为期望和对学生的关心创造了一个关注学习和相互尊重的课堂环境。

"有一次，我到托尼的班级听课，一个女生经过我身旁时，主动对我说，'马伦老师是最棒的！'"这一幕令格林尼治公立学校督学贝蒂·斯泰伯格感到不可思议，"要知道，这个女孩刚来到格林尼治高中时不和任何人交流。现在，她自信地和同学老师聊天，积极参与课堂活动，还会和我这样的陌生人交流，看得出她发自内心地喜欢自己的老师。"

斯泰伯格说，最重要的是，马伦时时能让学生感受到"教师身上迸发出的能量、热情和创造力，认识到教师所教授的知识是非常重要，有必要去学习的"。马伦给生活中充满绝望的青少年带来了希望，甚至连一些原本已经放弃学业的学生也主动回到学校，就是为了"听到马伦先生的课"。

马伦教的学生可能永远不会在全州统考中获得高分，但是马伦坚信，"如果我坚持我的教学理念，我帮助的许多青少年尽可能留在学校里，就能够获得高中毕业证书，得到必要的心理健康服务，找到一份工作，或者进入大学。一个教师如果能够帮助一个迷途的孩子找到前行的方向，则是对这个教师最大的奖赏。"

读懂每一个孩子的故事

"所有真正优秀教师的共同之处在于,他们知道如何读懂一个孩子的故事。"在年度教师颁奖仪式上,马伦从奥巴马总统手里接过"水晶苹果"后,发表了自己的获奖感言。

他说:"理解在学业、情感或身体上遭受打击的学生需要教师给予他们一种积极的关系,因为太多的时候,他们在生活中孤立无援。他们希望我们为他们的黑白世界染上色彩,他们想要得到的不仅仅是教育——他们想要我们帮他们医治病痛。是的,教师是神奇的医师。每一次我们表扬学生,每一次我们让他们放声大笑,每一次我们拿出自己的私人时间聆听他们的故事,我们都在帮助他们治愈得快一些。"

面对一群被人们认为"固执、愚钝和无可救药"的孩子们,马伦也承认,他们是所有教育对象中最复杂的,在时时挑战教育者的能力。然而,也许是因为多年当警察的经历,让马伦在学生面前,天然有一种让人信服的气质。

马伦说,"做教师和做警察有很多相通之处,最显而易见的一点,他们都属于公共服务。两种职业都让你有机会和需要帮助的人建立密切的关系,参与到他们生命中的某个关键时间点。"马伦从不认为和这些孩子相处是一种负担,反而感到和这些孩子一起生活是非常荣幸的,是他专属的权利。他知道这群孩子需要同情、关心和专业的指导,而这恰恰都是他能够提供的。

"当一名警官,你和别人的关系是非常短暂的,因为总是在紧急状态下,帮助别人解决危难。作为教师,你也要帮助学生解决他们的困难、危机和各种不幸,而且幸运的是,你有更充分的时间,"马伦说,

"这两种工作都是希望帮助别人过更好的生活的职业,都需要以人为本。"

"所有年轻人都希望获得成功和被人认可,但是罹患行为和情感障碍的学生因为长期在学校表现不佳,无法获得这种认可。所以,他们会拿出一种满不在乎的态度来保护自己,因为他们感到家长、监护人或教师对他们不在乎。"

马伦说,其实行为和情感障碍学生的失败根源在学校和家庭教育早期就形成了,并且随着小学、初中、高中的过程不断加深。教师能做的最重要的事情是,在激发学生对学习的兴趣之前,先唤起他们的社会和情感需求。

"一个实用的方法是向家长报告好消息,"马伦说,"通常,学校都是因为孩子的各种问题给家长打电话。家长也习惯于这种'坏消息'模式。我的做法是把孩子积极的表现告诉家长。比如,某个孩子今天正确回答了问题或者进教室时为别人开门,我会通过电话、邮件等说给家长听。那么,孩子回家后也会在家长那里得知老师和学校对他的积极评价。他就会认为这个老师和'那些只会告状的老师'不一样,他会更愿意跟你接近,这有利于形成良性的师生关系。"马伦强调,这个策略一定要从新学年一开始就使用,让学生认为是这个老师与众不同,否则学生会感到这只是你的"手段",产生逆反心理。

"我们不装作治疗师,也不扮演心理学家的角色,我们只是好的倾听者,"马伦说,"格林尼治高中阿奇分校是一个非常特殊的地方。学生和教师在很多方面就像一个大家庭,创造了非常棒的学习环境。在这里,青少年成长并认识自我,更多地了解别人的需求。"阿奇分校里教授很多学术课程,但是老师们也总是尝试在课程中渗透做人做事的观念和方法，马伦和同事们称之为"软技能"，比如交际表达能力、生活自理能力和社会交往技能，等等。

马伦进入这所学校后，深感这所学校与自己的教育理念十分契合。他说："我的很多学生从来没有从父母那里学会这些事情，因此学校就要加以补偿，和学生保持更密切的联系，更加关注他们的情感需要。"

"我们学校的教师给学生真正需要却从普通高中无法获得的东西——我们的时间。"和问题少年打交道近30年的马伦，曾经面对过一些最悲伤、最沮丧的孩子。他说，"如果给他们一点时间，而不是咄咄逼人地质问，他们会向你敞开心扉，因为他们自己也需要寻找生活的答案。这是非常大的责任，教师一定要非常认真地对待学生，因为我们知道，我们和学生的任何谈话，都可能会影响他们的决定。"

马伦的最佳课堂管理方法

对于特殊的学生，马伦表示，普通教育者常用的教育方法和技巧在他们身上可能并不奏效。他曾亲眼目睹了一个刚从大学毕业的年轻老师，满怀热情地来到学校，尝试运用"时髦"的教育方法：与学生交朋友、经常表扬学生、和学生讨论流行音乐以及其他青少年特有的爱好。谁知，她的努力却带来了灾难性的后果——课堂乱成一片，课程几乎无法进行，学生们在混乱的教室里重复着失序的生活，她本人也因此收到学校"留岗查看"的警告。

鉴于马伦在课堂管理方面的经验，学校指派他指导这名年轻教师。马伦帮助这名女教师重新设计了课程，并且将自己实践多年的最佳课堂管理方法传授于她。第二学年，新手教师恢复了昔日的活力，完全做好准备去教这个地区最具挑战性的学生，并且因为表现非常出色，成为学区的模范教师。

所谓最佳课堂管理方法，马伦解释说，"其实并不高深，概括来说就是设计切合学生实际的课程计划，营造以学生为中心的学习环境。"

他告诉新教师，老师应该和学生建立友好的关系，但这不意味着老师要投学生所好变成和他们平起平坐的伙伴，因为这些学生和普通学生比起来，更需要成人榜样和导师，而不仅仅是一个比他们大几岁的朋友。

"学生听音乐、打游戏或许就是为了将自己与上一代区分开来的，这是成长中很自然的一部分。你即使去迎合他们的品位，学生也未必接受，"马伦说，"再说，学生可以很清楚地辨别老师的表扬，他们知道哪些表扬是自己应得的，哪些是老师言不由衷或敷衍了事的。"

不过，这并不意味着马伦在学校要扮演一个不苟言笑的"警官"。相反，在同事的眼中，马伦性格幽默，善于合作，脸上总是带着微笑。同事们将马伦的课堂管理和教学方法形象地称为"凯迪拉克式的教育"，大概意思是温和却动力十足地向前推进。

马伦主张将秩序化为可操作的方法，融入不经意的细节。比如，就是分发课堂学习材料这件再简单不过的小事，在马伦那里也有一定之规。他在课堂上从不发放任何材料，而是提前到课前进行。他解释说，这些学生自控能力不佳，需要做很大的努力才能把注意力集中在课堂上，而教室里哪怕一点轻微的响动，就会让这种努力付之东流。他在课堂上很少使用时下流行的多媒体设备，也几乎不允许学生在课堂上使用笔记本电脑。"对于自控能力不强的孩子来说，电脑一旦打开，他们很可能去浏览网页而不是专注于学习。"

"如果课堂有两个不太听话的学生，他们自己管不住自己，还影响其他同学，你会怎么办？"在接受一家美国当地媒体采访时，马伦回答说："首先，我不会生气，因为激怒老师会让学生感到自己得逞了。我通常会用平静的语调告诉学生，如果你感觉还好，我们下课再谈。我会私下和学生探讨他们的行为，这种讨论通常以积极的方式开场，比如告诉学生，什么样的表现更合适，怎样通过自己的表现获得加分，等等。当然，我会告诉他们，我不是那种动不动就给家长打电话或请学生去办公室的老师。"

教育理念

为学生照亮前行路

2009年5月，得知马伦被提名为"国家年度教师"时，学生们送给他一件特殊的礼物——在学校外的停车场上用黄色漆给老师画出一个专用车位，地面上还写着他的名字"马伦"。

这个礼物中包含着这群"困难"学生对老师深深的认可，也蕴含着他们对自己的自信。这群一度在社区中抬不起头的孩子们，如今自信地向社区民众宣布，"安东尼·马伦是最优秀的老师"。

激情、专业和坚持不懈

"我的教育哲学建立在三个支柱上：激情、专业和坚持不懈。"马伦说。

"激情是这三个支柱中最高尚的，因为激情恰似点燃了一团火焰，让学生感受得到它的存在。"马伦解释说，"一个教师必须在课堂中迸发出教学的激情，因为这种强有力的情感会影响学生的学习过程，激发他们记住关键的概念与观点。学生能够感受到教师身上迸发出的能量、热情和创造力，并且认识到教师所教授的知识是非常重要，有必要去学习的。对工作非常有激情的教师可以让学生直接参与进来，并且能够持久地激发学生内在的学习动力。"

"专业意味着教学是教师的爱好而非一份职业。"马伦认为，成为一名专业教师的过程超过了掌握学科知识、教学技能和获得州一级认可的教学资质的总和。专业的教师必须超越现存的教育理论和教育哲学模式，成为一个艺术家。一个教师在工作中需要像艺术家一样富有创造性。教师的重要职责是需要培养德智体美劳全面发展的青年人——这个职责需要通过理解每个孩子的独特性，以及他们的学习方式得以实现。

"坚持不懈是教授各类孩子,尤其是有行为和情感障碍的孩子的必备素质。"这些学生非常渴望教师能在他们黑暗的人生中涂满鲜亮的颜色,但是他们不懂得表达他们内心的独特需求。教师必须找到合适的方法去教授和指导这些内心敏感、极易受伤害的学生,因为教师在这些学生的眼中代表着希望以及"明天会更好"的信念。

关注学生的社会情感能力

作为一名优秀教师,马伦对教育的思考远远超出了学校的范围,他关心整个社区乃至整个一代青少年的成长。

对于当今美国社会的教育发展,马伦认为,"问题远远多于解决问题的方法,因为目前还没有一个包容性的理论告诉学生怎样学习是最有效的,或者怎样做可以激发学生学习新的知识和思想。"

在他看来,在愈加复杂和充满争议的社会中,公共教育面临诸多挑战。其中一些挑战是新瓶装旧酒,比如对学校的公平资助问题、对失败学生的社会帮助、标准化教师资格认证以及对私立学校的公共资助学券等。有一些问题则举棋不定,比如特许学校、择校、《不让一个孩子掉队》法案所提出的多样化管理以及社会和情感方面的学习等。每一个话题都深刻地影响着课堂中所提供的教育服务的方式和质量,每一个话题都会引发父母和教育者之间激烈的争论。

马伦认为,现在最突出的问题是,人们研究的教育理论主要围绕学生的大脑思维过程和储存信息等知识学习的问题,却很少关注理解学生自尊心的建立。

"教师都知道自尊和自我概念是学生发展的重要因素，但是当学生离开小学步入中学后，教师对自尊和自我概念内在价值的重要性认识就降低了。这一问题的影响在高中最明显。"马伦说，"高中教师往往以教学内容为导向，没有时间或者足够的训练来强调知识学习中的社会和情感内容。因此一个学生的知识缺陷和表现缺陷就会成倍增长。当学生自身有了一种失败感和孤独感后，他就会随着教育程度的加深，在教育体系中处于更加被动的位置。"

马伦表示，社会和情感方面的学习与学业上的成功是紧密相关的。"当我们的学生生活在充满绝望、焦虑、药物滥用、家庭功能障碍的环境中时，他们的情感健康就会受到消极影响。"

在参评国家年度教师的申请信中，马伦向人们展示了一组令人痛心的数据：美国大约有10%的儿童在12岁之前经历过抑郁期，15岁至24岁青少年的自杀率在过去30年中增长了3倍，已成为青少年死亡的第二大原因。

他呼吁："如果我们真心希望没有一个孩子掉队，那么国家和教育系统就需要关注孩子的情感健康问题。如果不能给学生提供更充足的心理健康资源，学生之间的学业差距就不可能缩小。"

马伦说，现实情况是，美国大多数高中只聘用数量极少的心理学家、辅导咨询员以及社工来处理这些关键问题。例如在他所在的格林尼治高中，全校共有2800多名学生，其中400名学生有学习或情感障碍，但是整个学校只有4名心理教师和5名社工。

"我们必须雇佣更多的心理健康专家来为处于绝望中的学生提供咨询。教师必须积极呼吁学校增加心理健康方面的支持力量，他们在激励、滋养、鼓励和监督学生心理健康方面拥有独特的优势。教师通常是孩子身处绝望状态的世界中唯一一个身心正常的成年人，学生需要教师帮助他们疗伤。"

马伦认为，普通教师也应接受一定的社会情感方面的培训，以便为学生提供帮助，在课堂教学中培养学生的社会情感技能。"这会帮助学生建立一个安全和充满关怀的学习环境。如果这一学习环境由结构完整、顺序清晰的框架组成，则能改变整个学校。我们可以预见，在这样的学习环境中，学生在学业和社交活动方面所取得的短期和长期的积极结果就能够得到实现，情感抑郁和不良行为的程度也会减轻。"

青少年成长环境需要共同努力

马伦认为，青少年的成长不仅仅是学校的责任，整个社区都需要营造一种包容性的环境。马伦刚到学校时，阿奇分校经历的一场危机让他意识到这个问题。

行为和情感障碍学生都是一些其他学校"淘汰出局"的学生，有些正在和毒品、酗酒做斗争，有些有过犯罪前科。因此，阿奇分校在当地社区并不受欢迎，一度成为一个社区协会攻击的对象。这个协会向当地报纸和社区团体发表了一些对行为和情感障碍学生有失偏颇的评价，让不明情况的居民感到威胁，不希望这样的学生在他们社区接受教育。这场风波使社区成员决定不再把校舍出租给阿奇分校，学生和老师面临着失去学习和工作场所的可能。

马伦说："我的学生在此次事件中感到非常沮丧。在我的劝说下，学生们决定迎接挑战，对自己的性格和行为做出改变，同时说服社区民众。学生在公共会议上为自己呐喊、辩解，向对他们持质疑态度的民众证明自身价值。"最后，社区给了学校一间新的校舍，马伦和学生也得到了社区民众的尊重。

作为社区一员，马伦自己也积极投身社区青少年工作。为了倡导孩子们远离电视、电脑游戏等让人久坐不动的生活方式，马伦志愿担任萨默斯青年运动协会棒球队的教练和主管已有20多年。他相信，运动可以教给学生许多生活的道理。

"当一个孩子参与团体运动时，他必须要学会如何和其他队友建立和谐的团队关系，如何控制自私的冲动。学生通过学习新的技能建立自信心，并将这些能力应用到运动场中。一个孩子的第一次出击是非常宝贵的时刻，因为他掌握了一个看似不可能完成的任务，并且有自信走向成功。运动为学生提供了通过努力达成目标的机会，这是学生在真实世界中非常难得的体验。"

马伦领导的运动协会棒球队从最初的不到200人已发展壮大到1000多个男孩和女孩。马伦不仅让孩子们获得体育锻炼的机会，还组织他们为一支由残疾学生组成的棒球队"奇迹队"提供志愿服务，为许多身体严重残疾的学生提供打棒球的机会。"帮助他们推轮椅，和残疾儿童一起奔跑，我认为让身体健康的孩子帮助身体有残缺的孩子是非常重要的。"

马伦利用业余时间设立了一项帮扶计划，专门为那些被学校开除的学生补习文化知识。在他的能力范围内，他与一些导师进行合作，与高中教师、咨询员、行政人员进行交流，还强调父母的作用。

教师寄语

教谁比教什么更重要

制定全国统一的学业标准是美国教育领域近年来热议的话题,马伦在自己的博客上表达了自己的观点:

社会变革最重要的机构是学校,而推动这一变革的动力是教师。请静下来观察一下我们周围的一切。你所看到的一切都是教师将知识传递到最大范围之后的结果。你正在居住的楼房是已获得知识的杰作:建筑学、工程学、物理学、化学以及我们在学校中教授的一切知识的总和。你的阅读和写作能力可以追溯到你一年级教师付出的辛劳。伟大的社会总是重视教育,理解学校的重要作用以及教师在国家和民众个人成败中所起到的作用。

学业标准是高质量教学和学习的关键,采用统一的国家标准将会改变美国教育。一些即将走上教师岗位的人总是喜欢问我:"你是否参与了国家或州学业标准的起草"。实际上,我并没有参加过。但是,我确实要告诉我们国家的未来教师,有朝一日你们这一代教师必须敲开政治家、决策者和教育智库的大门,让这些在教育决策上举足轻重的人物知道,唯有教师的声音能够传递到课堂上,传递给每一个学生。

虽然我没有参加过全国学业标准的制定，但是我想告诉未来的教师关于教师职业的核心知识。

1. 任务陈述：我教谁远比我教什么重要。

2. 数学标准：1+1=2 是数学概念，但把一个孩子的昨天相加得不出他明天的价值。

3. 地理标准：尼罗河的发源地是我们必须知道的常识，但是也要知道，一个孩子人生的起点并不代表他未来发展的终点。

4. 阅读标准：我们要让学生学会读十四行诗，而我们自己应该读懂教室里每一个学生身上独特、迷人和结局未卜的故事。

5. 写作标准：我们教给学生造句子需要主谓恰当，老师应该知道如何在孩子人生故事的空白处写下"信心"，如何改正他们人生中的"错字"，如何帮助他们在人生的剧本中写出幸福的结尾。

6. 科学标准：自由落体是我们要教授的科学原理，但是接住正在向下"坠落"的学生更是老师必须具备的核心知识。

7. 艺术标准：了解艺术家的作品和他们的创作工具固然重要，但是也要知道，每一个艺术家的生命中都有一位手把手指导过他们的教师。

8. 公民标准：社会变革的最伟大机构是学校，最重要力量是教师。

启示

发现教师的力量

"一个教师必须能为学生照亮前行的道路,激发学生热爱学习的动机,使教室成为学生长大成人的场所。"

这是从纽约警察局退休的侦探警官转成模范教师的安东尼·马伦所坚信的教育理念。他向我们展现的是一个一心为了学生,深深热爱教育的教师形象,在任何一个社会,任何一种价值观之下,这样的教师都是当之无愧的"典范"。

马伦让我们感受到了教师的力量。面对处于教育阶梯最底部的学生——抑郁、焦虑、躁动、酗酒、犯罪前科……马伦加入到这群学生当中,给他们带来希望,让他们摆脱一切预设的观念,比如他们是谁,他们能做什么,他们有什么问题。

行为与情感障碍,或许国内的学校里并没有这样细致的区分。但是,受到学习困难、家庭教育缺失、不善人际交往等困扰的学生却不在少数。比如,我们的留守儿童中,就存在着家庭失怙,进而出现行为和情感问题,甚至走上犯罪道路的例子。这些孩子同样等待有人带他们走出黑暗,得到应有的关注和理解,这个人不是别人,正是和他们朝夕相处的老师。

教师的力量源于坚持。正如马伦的同事所说，他坚持做大多数人都认为不可能做到的事，最终取得了成功。

教师的力量源于独立的价值判断。在教育学生的问题上，马伦有自己独立的见解，拒绝随波逐流。他不靠炫目的多媒体课件吸引学生，也不赞成老师成为和学生"平起平坐"的朋友。对于喜欢对时髦教育理念一拥而上的我们来说，马伦的做法值得回味。

教师的力量源于对学生的包容。"给学生更多时间"，"不要假装心理咨询师，要做好的倾听者"，"教谁比教什么更重要"，马伦的话掷地有声。学生是他一切工作的出发点和归宿。马伦所指出的美国教育的问题，对我们来说同样值得重视——以教学内容为导向的教育，不关心学生社会和情感需求，那么学生之间的学业差距就永远不可能缩小。

第六章　2008年 迈克尔·盖森：

和孩子们一起"玩"科学

名师档案：
姓名：迈克尔·盖森（Mike Geisen）
任教学校：俄勒冈州克鲁克县中学
学校类型：农村学校
在校生数量：720人
教学领域：科学
任教年级：七年级
获奖教龄：7年

获奖理由：

迈克尔·盖森从林务员转行到俄勒冈州的克鲁克县中学从事初中科学教育。刚到该校时，情况十分糟糕，短短6年就换了5名校长，学生考试成绩平平。他看到这种挑战，尽可能地使科学充满无限乐趣。为了使孩子积极学习科学，他编写歌曲，开发游戏，坚持用音乐和其他创造性的方法提高学生对科学的兴趣，并在几年之内使克鲁克县中学在全州科学测验中的合格率从44%上升到72%。

2008年4月，美国俄勒冈州年仅35岁的教师迈克尔·盖森当选了"美国年度教师"。当盖森得到学校总台的通知说白宫给他打来电话时，他正在给学生上课。他让总台告诉白宫，"请晚点再打过来吧"。

显然，在盖森眼里孩子们可比白宫重要得多。美联社报道说，他爱孩子，胜过白宫给他的荣誉，这种态度正是盖森获得年度教师的原因之一。当然，迈克尔·盖森的惊人之举远不止于此。

教育人生

从"树木"到"树人"

俗话说，"十年树木，百年树人"。对于盖森来说，这两件事他都再熟悉不过了。

1996年，迈克尔·盖森以优秀毕业生的身份，获得华盛顿大学森林资源管理学士学位，并且开始了林务员的工作。然而，他很快发现，这份工作并不能给他带来满足感和成就感。他形容自己的工作是，"一连几小时淋着雨，形单影只地走在密林丛生的陡峭山地上，眼前是深不可测的峡谷,这样的工作日复一日。"

其实,令盖森感到沮丧的不光是环境的艰苦。刚毕业的时候,他曾在华盛顿大学的实验林里有过一段短暂的工作经历——担任教学助理,指导学生设计和实施试验,向林学专业的学生传授实地调研的专业技能。"那时候每天在森林里工作12到14个小时也不觉得累,"盖森发现,唯一不同是,"那时曾经有学生,而现在却没有,必须独自一人面对群山和树木,也许这就是我每天早晨不情愿起床的原因。"

正是这段短暂的助教经历,让盖森发现了自己真正的职业志向——"我需要去奉献。我的职业应该更有意义,应该构建人际关系,应该富有爱心。是的,我应该去做一名教师!"

转行并不容易。在美国,公立学校无一例外要求教师不仅要有学士学位,还要有州教育部门认可的教育专业课程学分和教师资格证书。

当时,盖森的第一个孩子已经出生。为了自己的理想,他一边继续从事林务员的工作养家糊口,一边返回大学校园开始修读教育学硕士学位。经过3年的努力,盖森如愿以偿地在南俄勒冈大学获得教育学硕士学位。根据自己的兴趣和学科背景,他取得了科学教师资格,并被俄勒冈州克鲁克县一个农村学区聘用。

俄勒冈州地处美国中西部,无论农、林、牧、渔等传统经济,还是高科技产业、文化教育等都十分发达。但是盖森准备去工作的克鲁克县中学,情况却不乐观。位于俄勒冈州中部的克鲁克县是该州历史最悠久的一个县,曾经也扮演着经济发动机的角色。不过,随着经济重心的转移,这里日渐衰落。目前,克鲁克县的贫困率、失业率都超出了全州乃至全美国平均水平,而接受高等教育的人口比例却几乎是俄勒冈州最低的。

"这个学区的辍学率高、考试成绩低下,听说克鲁克县中学6年内已经换了5位校长。"还没上任,就已经有热心同行来给盖森泼冷水。好友也劝他说:"教中学生可不是个轻松的差事,它准会令你抓狂的。"

然而,对于这样一份别人避之不及的工作,盖森却充满期待,他感到这种挑战正是他想要的,"真正的工作才刚刚开始!"

2001年9月,盖森背着他的旧吉他,第一次走进克鲁克县中学——一所拥有700人、一半学生享受免费午餐的农村学校。从此,开始带着一群"父亲突然离家出走"或"母亲进了监狱"的青少年感受科学的奇妙。

2003年,盖森投入数百小时筹款、规划,在学校建立了一个1000平方英尺的攀岩壁,并开设攀岩选修课,因此获得"学区模范服务奖"。

2004年,因为热心工作和出色表现,盖森成为克鲁克县中学科学课教研主任。

2006年,盖森担任了学校的中学科学"项目协调员",领导一个6人科学小组,旨在彻底根除学校中的科学文盲现象。经过几年的努力,这个小组抱着极大的热情,采取多种策略,倾注时间精力,使克鲁克县中学在全州科学统考中的合格率从44%跃升到72%;扭转了学生对科学课的消极态度,使克鲁克县中学的科学课成为学区公认的成功典型。

2008年,盖森被评为2007—2008年度俄勒冈州年度教师,同年从50多个州年度教师中脱颖而出,成为"美国国家年度教师",成为全美教师的代言人。

教学秘籍

来给科学"加点料"

盖森就像是一个充满活力的大男孩,总是源源不断地产生一些奇思妙想,然后带着学生们一起"玩"。久而久之,对于别人看来枯燥无味的科学,学生们不再惧怕。

一周内容唱出来

作为一名科学老师,盖森自己制作过很多教具,不过他还有一样其他老师少有的秘密武器——一把吉他。

第一次走进克鲁克县中学的教室,盖森并没有急于打开课本讲课,而是抱着吉他,演唱了一首披头士乐队的《一起来》。原本漫不经心地打量这位新老师的男孩女孩,顿时来了精神,有的随着节拍晃动,有的跟着哼唱。很快,有人发现,老师对歌词动了手脚。一曲唱罢,盖森说,"我唱的这首歌名叫《重力》,你们记住它,就记住了今天我们要学的内容。"

盖森的方法十分奏效，只要他走进教室，便可以看到孩子们追随的目光。后来，盖森把更多的科学课内容编成各种各样的歌曲，在学生中间广为传唱。枯燥难记的定义、公式，配上流行的曲调，变得朗朗上口，一举征服了这群闲散惯了的青春期少年。

"你无法想象，一位教师能站在十几岁的孩子面前，用三种风格的音乐演唱儿歌《吞苍蝇的老太婆》。盖森老师就会用这样的小调唱出食物链的关系。他还会弹着吉他，歌唱我们一周的学习内容，"说起盖森的课，学生卡莉·格拉斯尔兴奋地说。

格拉斯尔作为学生代表，曾经为盖森写过一封参选年度教师的推荐信。她在信中说："盖森老师的教学方式最灵活。他经常利用音乐来教授科学。他还会让我们排演小喜剧，让我们离开座位，在教室里走来走去。他激发我们去真正地学习，这对于一个在其他课堂上坐了一整天无聊得快要发疯的学生来说非常重要。"

盖森的学生们还给他起了另外一个名字——电脑狂人。他会在课堂上让学生玩一些电脑游戏，并通过多媒体设备公开演示学生玩游戏的过程，讲解取胜秘诀，当然游戏的内容必须与课堂所学知识有关。

初来乍到的盖森心中有一个信念，他相信每一个孩子都能学，只要给他们学的机会。盖森说："我编写歌曲、开发游戏，为的是尽可能地使科学充满乐趣，促使孩子们对科学感兴趣。"

科学创造奇妙夜

在任教第一年的秋季，盖森还开创了一项课外活动计划，取名为

"顶点计划"。他想给学生创造一个机会，让他们将科学课上刚刚学过的能量和电学知识用到自己的小发明、小制作之中。

听了盖森的设想，同事汤娅·莱恩主动请缨加入，并且建议让七年级的所有班级都参加"顶点计划"，在学校组织一场学生作品展览会。就这样，一个融合了科学、创造、美食和奇思妙想的"电学创造之夜"（The Night of the Electric Creation）在克鲁克县中学诞生了。

这天放学以后，平日里简单朴素的校园变得神秘而迷人，学生们在校门口挂起彩灯和横幅，老师们端出提前准备好的点心、饮料、沙拉、香肠，家长和附近社区的居民陆续向学校走来。校园小路上，是一个个被打扮得多姿多彩的展位，摆着学生们的发明制作，每个小组都精心准备了展示和讲解内容，希望引起同学和评审团的注意。

很多家长是第一次走进学校。他们看到自己孩子的作品，既兴奋又激动。一个孩子的父亲说："以往只听说孩子犯了错误，学校才会叫家长来，去学校总是让人感到紧张和尴尬，但这次不一样。"

盖森解释说："克鲁克县中学的许多学生来自社会经济地位较低的家庭，很多家长不关心或不知道怎么关心孩子的教育。由教师为家长和学生提供晚餐，是一种很好的激励方式，不仅能让他们感觉自己受到欢迎，也能吸引家长走进学校，参与到孩子的教育中来。"

在"电学创造之夜"上，一组由家长、学校管理者和社区成员组成的评审团，巡回观看学生的发明。学生们兴致勃勃地跟在评审团后面，留心别人的创意，也关心自己的作品是否能够胜出，即使那些平时最不喜欢科学的孩子们，也受到这种热烈气氛的感染，兴奋不已。经过投票，评审团选出了最有创造力、设计最好的几件作品，由校长当场宣布获奖名单。优胜者得到了校长亲自颁发的象征克鲁克县中学的"金鸡奖"。整晚活动随着给获胜者的掌声达到高潮。

此后的几年里,"电学创造之夜"每年都在克鲁克县中学举行,此后又衍生出七年级的"家庭之夜"活动。"家庭之夜"将家长邀请到学校,营造一种以学业、美食和社区为中心的积极体验。现在,这些活动已经成为克鲁克县中学一项融合了综合课程、家长参与、学生技能和创造力展示于一身的经典教育方法。

校园荒地变身实验室

盖森作为一名满怀热情的教师,总是不放过任何一个激发学生创造力和学习兴趣的机会。在克鲁克县中学的庭院里,有一片由树木、灌木丛、草地、沙地等构成的区域,这可不是普通的校园绿地,仔细看去,这正是一个微缩版的俄勒冈州。没错,这也是盖森的一项创举。

一个普通的早晨,盖森无意识地从办公室的窗户向外看去,忽然明白了学校对学生缺乏吸引力的原因——校园里丛生的杂草、剥落油漆的栏杆,给人的感觉仿佛置身于圣昆廷监狱一般。"这样的环境怎能让学生对学校心生向往?是时候做些改变了!"盖森想。

于是,又一项融合科学和创造力的美妙计划诞生了——把辽阔的俄勒冈州搬进150英尺长的校园里。

盖森的创意得到了大家的响应,同事、学生、家长、社区等都参与进来。盖森自己则在课余时间亲自筹款,设计图纸,学校中杂草丛生的空地很快被改造成一个"美丽而令人自豪的地方"。

仔细审视这个"作品",你会发现,盖森的创意不仅仅是为了美化校园，而是建立了一个标准的户外实验室。它包含了俄勒冈州从海岸到高原沙漠的各种原生植被，从树木、灌木丛、原生草地到人行小道、长椅、沙地、滴灌系统一应俱全。第二年，模型又增加了两处水景，模拟俄勒冈州喀斯喀特山脉的径流，其他空地则铺上草皮，形成草坪教学区。第三年，学生们动手添加了一幅壁画，描绘俄勒冈州的典型动植物、地质和气候特点……

盖森的同事帕博·本纳尔评价说："在过去的每一年里，盖森都在让学校变得更好。迈克尔热爱教师这个职业，而且也真心地喜爱和关心学生。"

如今，克鲁克县中学的教师经常带领学生在这个户外实验室进行不同主题的教学。下课后，这里则变成了安静的阅读和自习场所。更重要的是，它成为了克鲁克县中学师生自我激励的一个标志，它时刻提醒着大家，"靠自己的努力可以使学校变得更好，可以使自己变得更好！"

有困难请来"番茄酱俱乐部"

盖森把幽默和创造力融入每一个活动、项目或作业里，孩子们学得乐此不疲。但是他也没有忘记自己的另外一个目标——提升学生的学业成绩。

盖森和大多数美国老师一样，认为标准化考试有窄化学生知识面的危险，但是他也看到了积极的一面——标准化考试可以确保每一个学生掌握那些应知应会的基本知识和技能。

令人想不到的是，这位"另类"的美国教师也会利用课后时间给成绩不佳的学生"补课"。盖森的"补课"时间通常在午休和上课前，每到这个时候，他的办公室经常被孩子们挤满。

人多，并非因为盖森对学生要求严苛。相反，他从不强迫孩子们到办公室去。然而，孩子们却对这段补课时间向往不已，还给它取了个好玩的名字——"番茄酱俱乐部"——这是因为美国人吃饭的时候离不开番茄酱，而学生们也常常和盖森老师相聚在午餐时间。

盖森吸引孩子们的法宝是"平等、放松和心灵的宁静"。对孩子们而言，到老师的办公室去，不是去听训斥、受惩罚、做检讨，而是和老师一边吃午饭，一边聊天。人生理想、兴趣爱好、自己的喜怒哀乐、学习中遇到的难题……盖森和学生们无所不谈，有时候还会即兴弹奏一曲，孩子们跟着吉他和声而唱。也有时候，孩子们只是在这里吃完午饭，然后完成当天的作业，这对他们来说是一天中难得的安静时光。

"番茄酱俱乐部"只是提高成绩的一招，盖森还总结出不少其他的实用技巧。比如，他会在小黑板上写下本单元需要掌握的关键知识点，然后挂在教室的醒目位置，并且告诉学生，"这就是我们在两个星期内要努力实现的目标。"盖森说："这种方法不仅会让学生对学业进度有一种掌控的感觉，对老师也是一种提醒，避免在课堂上偏离目标。"

"事实上，从当老师的第一天起，我所有的课程、实验、任务、活动和评价都是为学生量身打造的，它将创造力和科学融为一体，也将课堂教学与俄勒冈州的考试标准完全关联起来。与此同时，我也坚持用测验检验教学，从而提升学生的学业成绩。"

不过，盖森在测验中也不忘幽默一把，有时候学生读着考题便哈哈大笑起来。一个学生说："他教给我们如何使学习和有趣可以兼得。我们学会了让我们的作业具有创造性的方法，而这也对我学习其他课程有所帮助。我真的学会了如何将我的想象力用在与科学相关的活动中去。"

对自己的做法，盖森说："我希望尽可能地点燃孩子们的学习热情，以帮助他们在生活中做出明智的决定。"他认为，传统的教学方法、学习和考试内容，往往忽略了与学生固有经验的联系。"老师不会告诉学生学习某个知识点是为了什么、有何用处，所以才会让学生总是感到学习就是为了应付老师的检查和考试。"

"当学生们了解到试卷上的空格不只是'他们想让我填写什么'，而是一些与他们日常生活相关的问题，他们就会产生兴趣。产生兴趣之后，学生才会提出真正的问题。提问之时，他们就开始走上了成为伟大科学家和优秀学生的道路。这种热情具有传染性，孩子们将其散播在整个校园中，并将其带回家传给家人。这种热情并不会每天发生在每个孩子身上，但只要它出现得足够频繁，能形成一种模式就行了。当创造力和科学融为一体时，即使不是想以数学或科学为毕生专业的学生也会进入这种状态，"盖森说。

教育理念

最好的教育应超越课堂

因为对科学的热爱，盖森半路出家毅然走上教师岗位。但是，他也意识到，要想当好老师，这还远远不够。盖森课下的准备工作大大超过了课上的教授活动。

师生关系首先是人与人的关系

盖森谈起对教师职业的感受时说："刚走上讲台时，我认为自己是一名科学教师。但是很快我意识到，中学老师的角色应该是人生之师，学科问题在某种程度上是次要的。现在，我清楚地知道，我的最终目标是成为社区之师。"

盖森的感受源于真实的经历。刚当老师不久，盖森在课堂上让一个男生回答问题，但他得到的只是沉默。后来，盖森才知道，这个孩子的爸爸突然"失踪"了。"某天早上父亲离家出走或者母亲进了监狱"，这样突如其来的家庭变故对克鲁克县中学的学生来说，是时常需要面对的真实问题。盖森开始反思,"遇到这样的事,别说是十几岁的孩子,就算是成年人,也不可能再有心思工作或学习。身为他们的老师,你必须对孩子的烦心事有所察觉,不要用你的要求去咄咄相逼,在这样的艰难时刻,掌握'动物细胞和植物细胞的区别'已经不是最重要的。"

盖森在申请美国国家年度教师的陈述中说,"我一开始选择当科学教师,是因为我对科学本身的热爱。但是现在我明白,要当好老师,这还远远不够。"

他认为,师生之间首先应该是"人与人之间的关系",然后才是教和学的关系。"未来十年或二十年后,当科学课的细节业已褪去,学生们也会记得七年级的科学教室是一个有趣且迷人的地方,一个他们可以冒险、可以从错误中吸取经验的安全地带,一个他们受到尊重、同时尊重所有值得他们尊重的人的地方。"

他相信,如果将学生联合起来,形成一个学习共同体,那么每个教室对每个学生而言都应该是温暖的、乐于接受的和吸引人的。为此,他给自己提出的要求是:

1. 要做到每天对进教室的学生打招呼。
2. 尽量记住并叫出学生的名字。
3. 利用幽默打破不同班级、不同种族、不同年级和不同能力的学生之间的隔阂。
4. 与每一名学生建立独特且有意义的关系,这是教学的核心。
5. 不要将学生视为小孩,抑或有待塑造的潜力股,要将他们视为平等的人。
6. 喜欢并欣赏学生现在的样子。

盖森在教学中通过展现案例、提出期望和明确指导，告诉孩子们"应该重视每一个人，将其视为朋友、同事和同道中人"。

在盖森的鼓励和示范下，学生们学会了尊重、理解，也学会了积极和勤奋。每天上课前，盖森的学生们都会早早聚集在科学教室里，主动开始继续前一天未完的工作。很多学生喜欢在每天中午的"番茄酱俱乐部"里完成作业并享受宁静的午餐。渐渐地，学生放学后也开始停下来与其他同学打招呼，聊天的话题开始有了学业的内容。

"那些资源较少、父母受教育程度较低和生活不太稳定的孩子往往需要经历更为艰难的过程才能取得与富有的同龄人相同水平的成就，"盖森说，"学生最重要的进步，往往源于师生之间的关系而非教学项目的设计。"

盖森说，这个道理不仅适用于师生之间，也适用于教师和家长之间、学生和家长之间。在自己工作的七年级，盖森带头发起与家长的开放式交流。

打开克鲁克县中学网站，可以看到"六年级学生和家长的篮球之夜"、"家庭冬季观星计划"等丰富多彩的家校联系活动，其"始作俑者"正是盖森在七年级发起的"家庭之夜"。在平等、尊重、融洽的气氛下，教师和家长分享孩子的成长进步、教育的困惑和解决的办法。盖森开创性地带领七年级教师汇编每周的家校通讯，通过电子邮件发给每位家长，他还倡导将成绩公布在学校网站上，鼓励家长多参与孩子的教育，定期与学校进行开放式交流。一位家长说："盖森先生赋予我们的权利和参与机会是非常重要的。"

学习，不只发生在教室里

"我深知，教师的职责不仅仅是要教会学生学科知识，更应该教他们去认识和理解这个世界和自身。"盖森说。在他的课堂上，总是有意识地向学生们渗透全球意识和社区意识，通过开展项目和活动，让他们对自身以外的世界有所了解。

在讲到微生物时，盖森会展示在欠发达国家微生物如何损害数百万儿童的健康，并且以此为契机，和学生一起为减少第三世界国家人民的饥饿和病痛筹集善款。布置科学课的课后作业，他会让学生"分小组开展一项关于能源使用和全球变暖的研究"，让学生变成家庭和学校的节能监督员。

盖森力图带领学生为学校所在的社区做一些力所能及的事情。在克鲁克中学的7年里，盖森参与或组织了众多志愿服务活动。他给自己列了一个社区服务清单，包括：

每天帮助邻居和朋友做杂务；带领学生们攀岩旅行；组织义卖，帮助当地困难家庭；与住在学校附近的学生一起清理河边垃圾；组织学生和家长进行"冬季家庭观星计划"；与国家林务局、回收计划等合作，增强学生对废品回收再利用的环保意识；给学生组织的第三世界国家饥饿救济俱乐部当顾问；等等。

学生们用自己的善良和同情心对老师的工作做出回应。每次活动之后，都会有一些学生变得更加积极，更加关注自己狭小生活圈子以外的世界。盖森以行动证明了，学习不只发生在教室里，它也可以发生在我们生活的社区和世界。

在众多社区服务经历中，最让盖森得意的要数他投入数百小时筹款、规划并在学校建设的1000平方英尺的攀岩壁。他因此获得2003年学区模范服务奖。

攀岩是克鲁克县的一项传统体育运动,著名的史密斯岩石国家公园就在该县境内,每年都会吸引众多攀岩爱好者前来挑战。盖森认为,生活在史密斯岩石国家公园旁边的孩子们应该对家乡的名胜有所了解,最好的办法就是让他们也体验到攀岩的乐趣。

为了获得搭建攀岩设施的经费,盖森走访了几十家公司寻求捐赠。他还设计了一整套攀岩课程,亲自承担起学校的攀岩选修课,受到学生的极大欢迎。克鲁克县中学的学生们以史密斯岩风光为内容,给学校的攀岩壁加上了一件美丽的壁画外衣。"今日俄勒冈教育协会"等俄勒冈州的媒体、社团都在自己的网站上开辟专栏报道此事。用盖森自己的话说,"这个攀岩壁会比我在这所学校服务得更长久"。

"学生并不是生活在真空环境中,教师真正的工作实际上是社区之师,"盖森工作多年后感慨地说,"我们学校所在的克鲁克县拥有高等教育学历的家长比例在全州倒数第三,孩子们生活的社区文化不太看重教育的价值。所以,需要改变的并不仅仅是我们所教的学生,还有他们的家长和整个社区。"

认识到这一点的克鲁克县中学教师团队,不再抱怨"工作在一个贫困的农村社区、社区里的父母不尽其职、教育不被重视以及这些困难难以克服"。他们正在改变这一论调并为此付出行动。

教科书是 97% 的装饰和 3% 的参考资料

盖森的幽默、创意从何而来？他解释说，"一些课程、实验室、任务等的设计基于同事或学生与我分享的想法，但大多数设计是我洗澡时或开车上班路上突发奇想的。无论它们是如何产生的，我尝试将一些价值观、当地社区的特点以及大量的幽默和创造力融进每一个活动、项目和任务中。"

"我将自己的好奇心、对学习的热情与学生们的好奇心、热情联系起来，然后我们相互启发，进一步探索和质疑那些让我们的世界如此迷人的大小问题。"

盖森认为，爱因斯坦之所以成为伟大的科学家，不仅仅是因为他提出了宇宙统一场论，也不是他很酷的发型，而是因为他以其自身的思维方式和实践方式将科学与创造力合而为一。

"其他领域的大师们也表现出这种特质，"盖森举例说，"摄影家安塞尔·亚当斯（Ansel Adams）将其熟练的灯光、摄像、暗室加工技术与其强烈的美学观念结合起来，才产生了那些世上最引人注目的照片。一名优秀的教师同样需要这样的能力，成为不同思想的融合者、一群人的召集者以及思想与人的统一者。"在教学过程中，盖森努力将创造力与科学知识相结合，将学生凝聚成一个学习共同体，并帮助共同体内的每一个人与伟大的科学思想进行对话。

"让学生的学习共同体与前人的伟大思想之间建立联系，需要老师更多的努力，"盖森说，"正如研究所证明的那样，我坚信人的学习方式各不相同。如果要让每个学生都投入学习，知识的呈现方式必须多样化。"

盖森认为，教科书就是"97%的墙壁装饰和3%的参考材料"。他解释说，他从来不会照本宣科地讲课，他更看重学生们亲手进行实验操作，设计他们自己的项目，进行小组讨论。他设计生动的复习游戏，加入引人入胜的视频，进行不可思议的实物教学，以某个科学原理为内容创作歌曲。他利用计算机软件制作混录版音乐，用来提示学生打扫卫生的时间、交作业的时间或其他一些日常规定。他还组织全班进行讨论，一起绘画，让教室里充满欢笑。"所有这些都是为了理解一个核心概念，"盖森说，"如果我只采用一种教学方式，那么我并没有进行真正的教学。如果某个学生没有学会，我就会尝试新的方法直到他学会为止。"

所有这些都需要额外的工作，而这种工作的回报巨大——常常看到孩子们的笑容、青少年之间的相互帮助、已毕业学生的拜访。盖森说："虽然以前的工作能让我有更高收入，但是没有作为教师这种深感满足的福利。我正在让孩子们的生活变得与众不同。我认为我做出了正确的职业选择。"

盖森提高教学质量的努力带动了整个学校。"我们学校是有团队精神的学校，我在其中努力作出贡献，尽我所能地协助同事提高效率和效益。我同任何向我咨询的人分享观点、新事物、电子表格和经验教训。我也不断寻求创新方法，创建和提升标准以引领教师们走在不断改进的道路上。"

除了每天面对教室里荷尔蒙旺盛的青少年，盖森还和同事一起制定并实施了一种更为有效的统一学生进度的方法，协助开发了一种新的更注重学生学业表现的校内分级制度以及整合跨学科课程。盖森和同事一起，努力缩小初中和高中之间的差距，为俄勒冈州贡献科学测验题，担任学区教育委员会的重要协调员，利用数据分析课堂教学和科学教研组需要改进的具体方面。盖森还试图把自己的课堂变成可供其他教师借鉴的"技术实验室"，利用学校的研讨会培训新教师和优秀学生。

教育不是以简单标准生产有形产品

"当今的美国公立教育下至课堂教学、上至国家政策都存在诸多严重的问题。"尽管盖森对教育充满热情，但也不乏理性思考。

"教育系统就像人一样不可能十全十美。有太多的事情需要去平衡，而且各方的利益也会互相牵扯。但是也正像人类一样，这就是教育的特定本质，我们必须竭尽所能地处理好教育事务，"盖森说。

在盖森一篇关于教育改革的论文中，列举了当今美国公立教育存在的问题，包括：

1. 不同社会经济地位和种族群体之间存在资源和成绩差距；
2. 一味迎合公众和学生对教师问责制的要求；
3. 将知识和基本技能作为衡量学习与进步的唯一指标，排斥创造力和创新精神；
4. 无法满足课堂上各种学生的不同学习需求；
5. 学校拨款未能做到稳定和公平；
6. 过度测验导致学生麻木、教学时间不足和本质上对学习热情的忽视；
7. 没有招聘和留住那些真正具有教学能力和天赋的教师；

8. 在校学生没有安全感和被接受的感觉；

9. 学校教授的技能不足以满足21世纪职场对人才的要求；

10. 教学方式专注于琐碎的事实，不具启发性，不利于学生与现实世界产生联系。

"这些问题中，有些是我可以去改变的，有些我也许能产生间接的影响，还有一些是我个人在现实中无能为力的，"盖森说，"我有幸遇到一位高度重视教师专业发展的校长。他允许我们依照自己所知道的最好的方式去教，使我们免受到外界的干扰。"

"因为在孩子身上花费了税款，家长、政府官员、企业经营者和立法者都渴望找到一种能够确保所有孩子得到优质教育的方法。然而问题在于，教育不是以简单的标准生产有形的产品，而是一个包含实实在在的人的充满变数的社会系统，"盖森说。

在盖森的年度教师申请材料中，他写过一个极为复杂的"教师效能"公式，包含了"工作年限"、"学生成绩"、"学生家庭收入"，甚至"学校到首都的距离"等诸多因素。他解释说，"实际上并不可能有什么教师效能公式，我真正的意图是想让大家明白，有太多的变量会影响学生的成绩，以至于难以知道哪些因素在真正起作用。但是，现行的教育制度几乎完全依赖标准化测验的分数来衡量学生、学校和教师的成功。"

"这就像是完全依靠总账余额去判断一家公司的成功与否——虽然总账余额也能表明一家公司当下的运行情况，但它却完全忽略了公司长期的生存能力、员工的满意度、公司运营环境的可持续性、服务当地和全球社会的能力，等等。同样，我们需要说明的不仅仅是考试成绩，还需高度重视创造力、创新精神、工艺技能、学生协作和终身学习。除了传统方法，我们还需进一步关注其他学习方法和理解方式。"

盖森说："我们需要制定衡量这些价值标准的方法，并把结果报告给公众，从而提升来自学校系统、学生和社会的期望值。在当今时代，重复性的工作大多转移到海外或由机器完成，如果我们的公民要参与新兴世界市场的竞争，他们需要拥有比基本的读写算更多的技能。企业界一直很清楚，他们需要能够综合学术技能和创造性、拥有协作能力且能适应新环境的专业人士。但是我们现行的问责制并不尊重这一事实，可能对学生和社会产生不利影响。"

教师寄语

将幽默、关爱和同情心注入孩子内心

盖森在国家年度教师申请材料中，有一段自己当选俄勒冈州年度教师后写下的感言：

被选为30,000名业内同事的代表，成为俄勒冈州年度教师是一个令我难以置信的荣誉，而且愧不敢当。

身为一名任课教师，我投入工作的时间和精力是有限的，所以我选择把重点放在我的课堂上、我的学生身上、我的同事身上以及我的社区内。虽然我能理解区域和国家问题的重要性以及他们对我们所有人的影响，但我还是要坚决维护我与学生和同事相处的时间。一个人几乎无法改变这个世界，但他或是她可以做很多事情去改变一个人的生活。无论如何，真正且持久的变化是自下而上的。这就是我最能发挥作用的地方，也是我打算保留的部分。

获奖后的第二天，我依然得做粗活如清理车库和修剪草坪（我还必须得修剪在我家前院安营扎寨的摄影记者周围的草坪）。第二天上班，我忘记上交我的出勤情况，并不小心让我第二学期的课堂晚了4分钟。在教中学的时候，一个人一定要脚踏实地！也只有当自信和谦卑取得微妙的平衡时，你才能成为一名有效的教师和领导者。

因为这件事，我很清楚我并不是俄勒冈州甚至是我们学校内最优秀的教师。就像一名优秀的吉他手，我要继续修炼我的技能和创造力，并且要彻底明白我永远都不会是完美的。身为教师，提升的愿望、学习的热情和社区义务使我们每年永葆活力和创新力。这就是我现在虚心代表的年度教师奖的精神。

我向业内同事传递的一条首要信息即要真正地深入到课堂中去。寻求教学方法上的创新，分享你与教学伙伴间的互动。使用运动、音乐、技术、幽默抑或其他你所具备的独特优势和才华。不要总是一成不变，或是模仿他人。要让课堂融入你自己的风格。聆听学生们的需求并让课堂适合他们的需求。让课堂有趣些！如果学生们并不期待你的课堂，那么作为一名教师你还没有取得完全的成功。

同时，我还想对各位教师、家长和美国公民说，让我们全心全意地关注完整的儿童，而不仅仅是考试成绩或是未来的成就。远离儿童的一个表现是，我们越来越容易忘记我们是在与拥有合法的需求、愿望和感情的活生生的人类打交道。这些幼小的生命与我们是同样的人。

也许我们在学校、家庭和社区担任的角色不同，肩负的责任相异，但每个儿童身为人类与我们是平等的。他们并不是一群荷尔蒙混合物或是未来的产品。所有最新的教育项目、时尚潮流和统计数据对一个没有得到深层关怀的儿童而言是毫无意义的。

无论你是一名教师或是家长，商人或是退休者，年轻人或是老年人，请将你的幽默、关爱和同情心注入每个儿童的内心深处，而且儿童也会向你学习。他们所学的将远超过读写技能，他们能够了解到每个人都是世上独一无二的生命。

启示

停止抱怨，用双手去改变

在盖森当选年度教师的同年，全美专业教学标准委员会修订颁布的新的教师评价和认证标准中，为高质量教师提出了5个核心维度，包括：教师对学生及其学习尽心尽责；教师通晓所教学科知识和教学方法；教师有责任管理和监护学生学习；教师能系统地反思，从经验中学习；教师是学习型团队的成员；舞台广阔，教师不只是课堂内的领袖。

这位几年前还是护林员的年轻人身上所表现出的特点，或许可以帮助我们理解美国人眼中的"高质量教师"标准。

面对糟糕的学校、成绩平平的学生，他没有放弃，而是勇敢地挑起了提高学生科学成绩的重任。他爱孩子，胜过白宫给他的荣誉；他通过编写歌曲、开发游戏、举办年度科学展览会等教学方式，提升学生的学习兴趣，教学方法灵活多样，贴近学生的生活实际；他关注学生的成长，坚持通过充满趣味的测验活动来检验教学的效果，通过"番茄酱俱乐部"等多种形式关注学习困难的学生群体，并为他们提供适宜的帮助；他无论是在社区还是学校，都充分展示自己的领导力，为学生创设丰富的教育资源……

也许我们没有盖森的天生幽默，也不会吉他弹唱，但是这并不影响我们从他那里获取力量。正如盖森带给同事和学校的最大变化——不再为"工作在一个贫困的农村社区"而懊恼，不再为"家长不尽其责"、"教育不被重视"而抱怨，不再对工作中的困难感到束手无策。伸出你的手，敞开你的心，从一点一滴的小事做起，你就会发现，"靠自己的努力可以使学校变得更好，可以使自己变得更好"。

第七章 2007年 安德烈娅·彼得森：

插上歌声的翅膀，每个孩子都是天使

名师档案：
姓名：安德烈娅·彼得森（Andrea Peterson）
任教学校：华盛顿州蒙特克里斯托小学
学校类型：农村学校
在校生数量：500人
教学领域：音乐
任教年级：一至六年级
教龄：10年

获奖理由：
　　安德烈娅·彼得森用歌声开启孩子们的心灵，用音乐点亮学生的人生。她的到来，让一个从不为音乐课投入经费、只有几台录音机的学校，变成了远近闻名的音乐特色校。更为可贵的是，安德烈娅·彼得森让人们意识到，音乐不是教育的点缀，而是提高成绩、培养习惯、帮助学生理解世界和人生的重要方法。

与美国国家年度教师面对面

  2007年4月24日,一位来自农村的小学音乐教师成为全美国的焦点。一年一度的美国"国家教师奖"评选结果揭晓,华盛顿州格兰尼特菲尔斯市蒙特克里斯托小学的音乐教师安德烈娅·彼得森成为3万名同行的楷模。

  从时任美国总统布什手中接过奖杯,彼得森谦虚地说:"成为国家年度教师得益于她所在的小学、学区、社区对她的大力支持,特别是学校同事之间的通力协作、学校与学区领导的赏识和社区民众的理解与配合。"

  时年33岁的彼得森是美国国家年度教师奖评选62年来第二位获此殊荣的音乐教师。在颁奖仪式上,第一夫人劳拉·布什表示,"大凡优秀的教师,都是一些关爱孩子、尊重他们并相信他们的人,这样的教师将使孩子们终身受益"。

第七章　2007年 安德烈娅·彼得森：插上歌声的翅膀，每个孩子都是天使

教育人生

一名普通音乐老师的逆袭

彼得森出身于教师世家。父亲、母亲都是教师，两位哥哥在大学时都就读于音乐教育专业。本来学医的彼得森，最终也走上了教师之路。

彼得森一直将父亲——一名在基础教育领域服务了30多年的老教师当作自己的榜样。她曾说："随着年龄的增长，我越来越认识到父亲的服务对他的学生、家长以及整个社区产生的重大影响。从体育教师到主任，再到特殊教育教师，父亲一生致力于培养服务社区的模范。他教导孩子们通过获得生活的成功来服务社区，这种教导不仅在正式的课堂上，也在课后的篮球场上，在校外不计其数的非正式教育中。"

有时，父亲或母亲会把失于家庭照料的学生带回自己家里暂住，年幼的彼得森看到父母如何像照顾自己的孩子一样照顾学生。在这样的环境下，彼得森耳濡目染，并且日益理解了父亲所说的"要选择一个常怀感恩之心、能用爱去服务他人的职业"。

一开始，彼得森认为这样的职业应该是做一名医生，因此她选择了西华盛顿大学的医学预科专业。但是，大学一年级暑假的经历让她改变了想法。

这年暑假，彼得森到两位哥哥的学校去玩，他们都在科罗拉多州的一所学院修读音乐教育专业。教室中的各种乐器、校园草坪上传来的美妙琴声，到社区里教孩子们唱歌时的澎湃激情……在那里看到的一切，让彼得森意识到，"我可以将我对音乐的激情与服务他人的愿望结合起来时，音乐教学才是我的命运。"

大学第二年，彼得森转入亚当斯州立学院，学习音乐教育。随后，她用两年的时间，以优秀毕业生的身份获得了华盛顿大学音乐艺术和音乐教育双学士学位以及声乐和乐器认证。

毕业后，彼得森顺利地选择了华盛顿州189号学区的蒙特克里斯托小学，成为了一名音乐教师。直到当选美国国家年度教师，彼得森的身份都只是一名普通的音乐教师，但是她又是一名不普通的音乐教师，是一名致力于将音乐与主科相结合，去激发孩子们学习热情的教师。

彼得森说："我最大的教育成就是见证了一名在普通课堂上失败的学生却在音乐课上第一次体验到成功的喜悦，这次经历又激起了学生对成功的渴望，随后这种成功的渴望迁移到了生活的各个方面。"

"当我了解到孩子们对成功的渴望部分原因源于我这名教师的服务时，当这个孩子对我说，'您真的向我展示了如何努力学习，彼得森太太'，我想这是对我最大的奖赏。"

第七章　2007年 安德烈娅·彼得森：插上歌声的翅膀，每个孩子都是天使

教学秘籍

追寻艺术与科学的完美融合

从为学生提供音乐器材，到主动与统考科目教学相结合，再到将音乐课与学生成长成才相联系，彼得森采取主动的姿态，将音乐教育的作用发挥到最大。

音乐课不是可有可无的

在彼得森参加美国国家年度教师评选时，蒙特克里斯托小学一位叫萨拉·爱德华兹的家长自告奋勇给她写了一封推荐信。家长在信中说："我的两个孩子总是喜欢上音乐课，而且总是很兴奋地炫耀他们在课堂上学到的东西。我的儿子因为喜欢在两周一次的音乐课上学习音乐知识和弹奏乐器，加入了小学乐队。我女儿的音乐知识也得到巨大发展，令我感到惊讶的是，她自愿担任教堂圣诞节演出中的独唱。"

在彼得森的课堂上，音乐不仅仅是教唱歌这么简单，还有乐器演奏、乐谱、理解分段、行为表现，等等。她教给孩子的不是机械模仿，而是对艺术的欣赏和创作。格拉尼特福尔斯学区的学监乔尔·萨伍特评价说："我区小学生的音乐知识超越其他学区高中生的音乐知识，学生在学校内和社区外的表演已经成为传奇。"

然而，就在彼得森刚来到蒙特克里斯托小学时，音乐课还只是一门"全州标准测验不考的科目"。当时，整个学区几乎没有可用的音乐教学资源。州政府也没有音乐教育方面的拨款。中学乐团仅有的六件打击乐器里有两件已经损坏，小学的音乐教室只有八件打击乐器和二十台录音机。

"音乐是释放学生特殊潜力的一种神奇的工具。他们在音乐上获得成功的最明显的益处是增强自信心和自尊心。音乐教学对其他教学活动有支持作用。"初出茅庐的彼得森凭着自己的热情努力说服校长，和她一起制定一项为期5年的"K-12音乐教育成长计划"。

彼得森说："我坚信，要想激发格拉尼特福尔斯学生的成功愿望，我们必须拥有一套在理念上和财政上都得到学区支持的计划和课程目标。"

随后，彼得森向学区的学监、学校的行政人员和学校委员会提出一个"大胆"的要求——为音乐教育提供经费。然而，专门为音乐教育提供经费在格拉尼特福尔斯学区是从来没有过的。彼得森得到的答复也只是，"学区经费不足以实现这些目标"。

碰了软钉子的彼得森没有灰心，她又找到学校的改善学习小组、学生团体联盟、家长团体和社区组织，通过与学校行政人员、同事、家长和社区的持续合作，获得了资金支持。彼得森积极致力于筹款，以增进所有学校的音乐课程和资源。

"计划的推进超出了我们预期的目标，"彼得森说。现在，彼得森指导的格拉尼特福尔斯学区的中学乐队拥有价值4万美元的新乐器。她所在的蒙特克里斯托小学拥有了价值1万美元的新乐器、5000美元的合唱课程和2000美元的音乐技术资源。学生们在小学期间接受打击乐器、弦乐器和管乐器的一整套教学。彼得森还购买了一套音响系统和舞台灯光设备，给学生打造更为专业的表演氛围。音乐教育计划和课程的增加为学生们创造了一种超越自我的环境。

按照"K-12音乐教育成长计划"，彼得森带领学生参加了县级、州级和国家级的音乐比赛，两场小学合唱团的试听、跨学科演出、一场高中合唱团的试听，爵士乐队和军乐队。学生们在音乐上取得的成就水平不断提高，而这一成功又迁移到他们生活的方方面面。

音乐与统考科目的完美融合

让音乐课从边缘走到主流，彼得森除了积极筹款之外，还有一个诀窍——开发一种跨学科的音乐教学法，将音乐课与其他科目，特别是与全州统一测验科目结合起来。彼得森把这种方法看作自己在课程教学方面的最大成就。

什么是跨学科的音乐教学法呢？"概括来说，就是在音乐课上对其他课程内容进行拓展教学。"彼得森举例说，"比如，现在我班上的学生在阅读课上正在学习苏珊·伊丽莎白·欣顿的小说《局外人》，我就会在音乐课上让他们根据小说的情节创作一部30分钟的音乐剧。"

彼得森和学生创作的过程通常会持续几周。首先，她让学生选定几首他们认为能够体现小说主题元素的曲目，然后利用计算机编曲软件对曲目进行改编。"有时候，学生会将乐曲编成年轻人喜爱的说唱音乐风格，我也会创作自己喜欢的音乐。在音乐课上，我会和学生讨论，什么样的音乐适合表现什么样的故事，也会和学生谈到种族、平等和社会正义等问题，去理解小说作者的深刻用意。"

在创作音乐剧的同时，学生们继续跟随阅读课的老师从文学的角度来学习小说。随着对小说的理解逐步加深，音乐剧的编写也逐渐完善，随后开始进入学唱、编舞和排练阶段。最后，所有的学习内容会在一场百老汇风格的精彩演出中达到高潮。

"跨学科教学是提高学生学习效率的最有效的方法之一，这是有研究证明的，"彼得森肯定地说。她也亲眼见证了这种方法所激发出的学生的潜能。

一次，彼得森要为一个跨学科教学项目小说《一系列不幸事件》（Series of Unfortunate Events）创作一首歌曲，表现书中一个爱咬人、有暴力倾向的两岁小女孩珊妮的人物特点。"当时，我的创作遇到了瓶颈，"彼得森回忆说。在一堂课上，她向学生们倾诉自己遇到的挫折。突然，一个六年级的女孩举起手说："我认为歌曲的开始部分应表现出真正的天真无邪，使歌曲听起来感觉这个主人公就是个婴儿，前奏过后可以采用更为有力的核心部分来震惊观众。"

瞬间，教室变得活跃起来，学生们你一言我一语，争相出主意。30分钟过后，彼得森的学生们已经创作出一段前奏，用的是著名儿童歌曲《一闪一闪小星星》的曲调，选用木琴伴奏，外加反映珊妮天真可爱的歌词。在随后的课上，学生们又编写出歌曲第二部分的歌词，并且采用中等节奏的说唱音乐讲述珊妮不为人知的暴力一面。

这个教学单元结束时，学生们改编了剧本，为剧情创作了音乐并为社区表演了音乐剧。教学成果的每一个环节都以学生为中心，由学生创作。学生们的成果令人惊叹：一部45分钟的音乐剧引得观众时而大笑，时而落泪。

跨学科教学不仅让彼得森赢得了学生的欢迎，更受到其他老师和学校的赞赏。从最初只有两位同事将信将疑地参加彼得森的教学计划，到10年后大多数教师共同支持学生这种有效学习体验，跨学科教学被公认为提高学生学习效率的最有效的方法之一。

格拉尼特福尔斯学区的学监乔尔·萨伍特表示："彼得森的音乐教学计划不是基础教育项目的补充，而是基础教育不可或缺的组成部分。她将'全州基本学习要求'融入教学之中，使各年级的音乐教育成果与核心课程相关。"

萨伍特说："有些人认为让一名科任教师获得美国国家年度教师的荣誉异乎寻常，然而安德烈娅·彼得森的当选确实很有意义。"

学生的歌是教师必须倾听的故事

彼得森在教学上的创新和投入不仅仅是为了让音乐课能够在学校拥有一席之地，更因为她发现了音乐给学生发展带来的实实在在的变化。正如彼得森自己所言："我首先是一名教师，然后才是一名教音乐的教师。"

"音乐的好处是它鼓励学生实现'无边界'的优秀。"在彼德森看来，不同于其他学科，音乐课没有硬性规定的最高标准，不存在唯一正确答案，展现的方式多种多样。"可以这么说，天有多高，音乐的边界就有多高。"

"为了学生,我每天不断地追求卓越。我创作了许多由学生们表演的音乐剧,他们见证了我在创作过程中的挣扎。我与学生们分享我的失败、创作路上的障碍和爆发的创作灵感,鼓励他们实现自己的卓越目标。"

为了给孩子们提供更多接触音乐的机会,彼得森用业余时间在学校组织了一个课后合唱团。有一个名叫杰西卡的六年级女孩是这个合唱团中的一员。杰西卡是四年级转到蒙特克里斯托小学的。因为学习困难,她一度被要求参加个别教育计划,接受数学单独辅导。但是,彼得森发现,杰西卡喜爱音乐而且拥有相当高的音乐天赋。于是,彼得森邀请她加入课后合唱团,耐心教授杰西卡喜欢的音乐知识,同时帮助她养成行为准则。渐渐地,勤奋学习成了杰西卡的行为习惯,这种习惯又迁移到其他学业任务中,对音乐的激情和随之而来的成功提升了她的学业成绩。后来,杰西卡不再需要个别辅导,名字还经常出现在学校的光荣榜上。

"科学证明,积极的音乐活动能在大脑中创建联结路径,增强人们获取成功的能力。"彼得森用心理学的理论解释杰西卡身上所发生的变化,而很多和杰西卡一样的学生们让她感到了自己工作的最大价值。

"每个儿童都是天生的音乐家。他们中有表演家,有作曲家,或者有些只是音乐的倾听者、欣赏者,但每个人天生就渴望和音乐的亲密接触,"彼得森说。身为一名音乐教师,彼得森把自己的任务定位为推动教育的"音乐化"。这是支持她不断深入走下去的重要教学理念。

每当有孩子的人生被音乐点亮,彼得森说,她就会想起诗人沃尔特·惠特曼的诗句:"我听见美洲在唱歌。每一个技工、鞋匠、母亲和儿童都在美洲歌唱同一首歌。"彼得森动情地说:"每个学生唱出的歌都有独一无二的魅力,也都蕴含着一个教师必须倾听的故事。我的工作就是让学生开口歌唱!我听到美洲在歌唱!"

教育理念

独立思考比分数更重要

彼得森强调,自己首先是一名教师,其次才是音乐教师。正因为这样的理念,彼得森能够使音乐教育走出技巧训练的层次,也才能够在挽救学业失败、提升学生自信心方面找到自己的用武之地。

不鼓励独立思考的教育是危险的

"所谓的有效教学就是要让学生获得未来他们可以自学的技能。我认为,如果教师培养不会独立思考或没有独立成就的学生,那么教育将会变得非常危险,"彼得森说。

作为一名用心对待学生的教师,彼得森总是更多地留意那些所谓"学业失败"的孩子。她发现,虽然这些学生的学业成绩不太好,但他们在日常交谈中常常显露出令人惊讶的思想深度。

"近些年,众多脑科学研究结果显示,具有特殊创造能力的儿童在加工信息方面与普通学生有很大不同。但是在学校里,教师们并没有完全认识这些学生的特殊性,而是采用单一的方法让他们学习读写算,结果往往使他们在普通课堂上变得沮丧。"

"我们生活在一个节奏日益加快、以科技为导向的世界里,这样的世界要求我们的学校迅速拿出成果。"彼得森说,"通常情况下,为了努力帮助学生'学'得更快,教师就好像拿着汤匙将教学内容喂给学生。虽然三四天后他们也许能在测验中原封不动地复述这些内容,但我们却实实在在地给孩子们造成了伤害。他们在记住答案的同时,却忘了什么是真正的学习。"

彼得森将教学看作是"一个令人惊奇的科学与艺术的复杂综合体"。她解释说,从科学的角度来看,教师必须知道如何教导学生养成自己的学习风格,将知识和技能分解成学生能够接受的小块内容。从艺术的角度来看,教师必须能够鼓励学生追求优异,向他们展示一个超越自身狭小天地的广阔世界。

彼得森认为,音乐教育有助于培养学生的独立思考能力。她不仅仅把音乐课和语文、数学等全州统一考试科目相融合,还把它和服务社区、认识世界、理解人生联系起来。她和学生通过音乐创作,为社区提供文化活动,向观众讲授伟大的文学作品、社会研究成果和科学概念。几年前,彼得森和学生根据《战争家书》(War Letters)一书创作了一部音乐剧,展现士兵在战争打响之时写下的真实信件,一位67岁的老兵特意从俄勒冈州开车过来观看演出。当学生看到老人眼含泪水、充满感激的时候,也更加理解了战争、和平、尊重、责任等意义。

彼得森说,一名优秀的教师会清楚自己的学生真正学到的是什么。她不会简单地向学生陈述需要记忆的内容,而是通过让他们理解学习内容的重要性,帮助他们发现真正的学习。"教学实践越久,我就越意识到我的工作是要将学习内容分解为学生能够理解的,小而连续的、有意义的模块。在课堂上,我往往退居其次,让学生用自己的知识来发现他们内心的音乐家。而见证他们最终的成就是最令我兴奋的事情!"

优秀的教学与内容无关

彼得森一直致力于提高教学质量。她认为,在学校层面上,应该探索更为专业的教学方法。她在学校开展过一项关于日本课堂教学的研究,并且尝试建立起一种新的专业发展模式。

这种模式将学校的工作人员划分为小组,每组三到五人,包括教师、辅助人员、专家或行政人员,通常是不同年级或学科领域的人。各小组设计一系列关于特定评价技能的教学案例。然后有一个小组成员将设计好的案例用于课堂教学。全体小组成员一起观察这位老师的课堂教学。之后,他们再开会讨论教学目标是否达到目标,有哪些不足,并且修改教学方案。方案修订后,小组的另一名成员会再次讲授这一课,如此循环。

彼得森说，这一过程要不断持续直到小组拥有了一系列目标严格、可实现且能够真正加以评价的教学案例。通过课堂教学研究，彼得森有机会教授对称、几何感、推理和预测等与音乐无关的知识。她认为，"有些课堂案例虽与音乐毫无关系，但却与最适合儿童的教学方式息息相关。有机会谈论教学和讲授各类教学领域的内容，对我而言是很棒的学习经历。教师们也已意识到优秀的教学与内容领域无关"。

"这是我们学校内一场巨大的观念转变，却大大提高了我们的教学实践。"彼得森自实施课堂教学研究以来，她所在的学校在华盛顿州各学科的统一测验中成绩得到稳步提高。"我们意识到仅靠一名教师与25名学生整天坐在教室里，教育是无法实现的。我们需要考虑所有成人的专业知识，共同见证所有学生的成功。鉴于当前社会发展要求学生全面学习，在阅读教学、写作教学和数学教学过程中，我们必须有意识地去囊括所有对这些教学感兴趣的成人，而不仅仅是学科教师。作为一名音乐专家，我的职责也不仅仅是教授学生音乐，还有阅读、写作、数学、社会研究、科学等等那些我能够将其融入音乐课程之中的科目。这应该成为每位教师，每名家长和每个社区成员的共识。"

不应一味迎合公众对成绩的期待

作为一名公立学校教师，彼得森对当前社会上热议的美国公立教育问题有着诸多思考。

"很多时候，我们的社会满足于平庸。在学校内外，我们都告诉孩子们只要他们自我感觉良好，做错事是可以接受的。"彼得森认为美国

第七章 2007年 安德烈娅·彼得森：插上歌声的翅膀，每个孩子都是天使

社会这种粉饰太平的文化不利于孩子们取得成功。一个不容争辩的事实是，美国学生在各种国际学业评价项目中，排名日益下滑。

彼得森说："美国学生没能发挥出真正的潜力，我们需要给学生设置挑战，而不是降低我们的要求，使年级标准低于他们应有的实际能力。"在彼得森看来，当前公立教育系统有一个不良倾向，就是为了迎合公众对学生成绩的期待，降低学业标准，消除学生学业中遇到的困难，而不是去帮助学生克服它们。彼得森担心，这会对学生造成进一步的伤害，因为他们失去了在困难中学习的机会，不知道这才是最真实的学习。

彼得森认为，将学生学业成绩低下归咎于家长、学校、资源匮乏或其他任何单一因素都是毫无意义的。"美国正面临着公立学校不足以独善其身的教育危机。我们必须转变思维，重新考虑谁是美国儿童教育的责任人。"

研究发现，儿童从幼儿园到十二年级的这段时间里，真正待在学校的时间只占19%，这一惊人的数字强调，所有成人都有必要积极参与到教育之中。

"每个儿童都需要一个成功的榜样。"彼得森说，自己的成功很大程度上源于父母为其提供的良好家教。"除了字母和数字之外，父母还教授了我很多更为重要的知识，比如教我要努力学习，教我在沮丧之时依旧坚持工作，教我要分享和等待属于我的重要时刻，教我学会道歉和原谅。"

"但是现在，我每天都会遇到不懂这些道理的一年级学生。很多学生并没有与任何成年人建立榜样的关系，他们没有可供模仿的典范。这些孩子在进入公立学校后要花费大量时间去学习这些事情，只剩下

仅有的一点时间能够学习阅读和写作。"

因此，彼得森建议，自孩子出生起，家长必须积极参与孩子的学习活动，家庭环境预示着孩子未来的成功。

同样，社区成员也需要起到榜样和示范作用。彼得森说，露比·佩恩在其《理解贫困的框架》一书中提出，一名社区成员每周用30分钟提供服务，就可能激发一名学生克服他们的贫困境遇。

在彼得森看来，企业需要加紧提供课程研究成果和用以支持有效教学实践的资源。"他们需要这样做不是因为他们能够通过向学校售卖产品挣钱。相反，他们需要为公司的未来进行投资，确保学校培养出能干的公民，而这些公民又会成为他们未来的雇员。"

对于国家来说，彼得森认为同样需要开放、合作的心态，应该更关注其他国家在教育上取得的成功。"圣雄甘地曾说，如果排外，任何文化都无法生存。这句话同样可以用来形容美国的学校。如果我们无视世界其他国家的学校发展，美国的学校将无法维持在世界上的竞争力。我们必须吸取他国的有效教育措施，并用它来改善我们孩子的学习，最终改善他们的未来，"彼得森说。

第七章　2007年 安德烈娅·彼得森：插上歌声的翅膀，每个孩子都是天使

教师寄语

优秀的教师需要不断学习

安德烈娅·彼德森在自己的国家年度教师申请中专门论述了学习对教师成长的重要性，原文如下：

教师工作的职责是一个极其复杂的问题。身为教师，我们都知道自己的学生如果没有意识到自身知识的匮乏、没有进步的内在动机、没有切合实际的目标、没有积极的行动，努力便不会得到丰厚的回报。实际上，教师与学生并没有什么不同。身为教师的我们也会浑然不知自身缺乏知识。

2001年4月，我经历了职业生涯中最大的转折点——我成为了国家专业教学标准委员会认证的候选人。接下来的一年，按照认证要求，我的全部生活都投入到制作一个比教案复杂得多的文档上。但是，这一过程改变了我，让我明白了我在课堂上所做的事情和为什么这样做。

接受国家专业教学标准委员会认证的经历彻底转变了我对音乐教育评价的观点。以前，我以为不错的音乐演出就是教育成果的最好体现，但是通过认证过程中的学习和反思，我意识到，过去我对音乐知识的认识过于狭隘，评价学生音乐理解力和成就的标准远不止于此。

于是，我开始更加严格地关注一些特定技能，并将其纳入学生评价。我开始采用各类评价方式。如此一来，我改进了自己的教学，也可以更好地发现学生在学习中的误区。

现在，我教的学生在音乐方面的阅读、创作和表演水平明显高于我参加认证之前。除了音乐知识和技能的教学，我的跨学科音乐教学、将音乐技能迁移至其他学术领域等观点也在这个过程中得到了支持和升华。

我需要与其他教师分享这一具有变革性的新的专业发展模式。2002年，作为全州首位通过认证的小学音乐教育专家，我开始指导更多教师参加认证。在这个过程中，我们相互学习，致力于教学的艺术性。参加认证虽然很辛苦，但是可以彻底转变一名教师的教学方式，使教师成为一名更为精力充沛的、高效的和坚定的教育家。

同时，教师也需要通过传统的观察、个人反思性教学分析和考试成绩分析揭示我们教学的局限。一旦发现了弱点，我们需要他人提供优秀的教学范例。一名优秀教师必须担任一名教学吃力的教师的指导员。这两位教师要与校长合作，制订提升教师技能的职责规划，最终目标是改善学生的学习状况。教学吃力的教师必须亲自参与制定职责规划，这样他（她）才能真正地投入这项工作。

最后，我相信，教师必须在本质上愿意且有动机去改善工作。如果一名教师没有强烈的改善教学工作的意愿，学校首先应该对其加以引导和鼓励，但是最后也应该允许其另谋出路。许多教师通过学习，可能会发现自己应该离开教师行业。当然，大多数教师是希望成功的。他们带着帮助儿童的愿望进入教师行业，他们只是需要被告知如何在可控的计划内实现这一目标。

启 示

与学科无关，从培养人出发

不参加统考、没有经费、不受重视……在安德烈娅·彼得森的故事中，音乐课的处境对我们来说，是何等的相似。

但是，不同的是，这个故事里少了一个或怨天尤人，或忍让退缩，将孩子们接触艺术的机会拱手让给数学、语文、外语题海的"好说话"的科任老师；却多了一个自己满腔热情、坚持不懈、孜孜以求，将学生和学校带入美妙音乐世界的引导者。

向学区申请经费不成，彼得森就向社区、社团、教改团体求助；即使只有两个同事参与她的教学项目，也不会成为她半途而废的理由。返身观己，当我们抱怨应试教育太过强大之时，应试教育是否也成了我们自身消极惰怠的挡箭牌呢？

其实，无论教授音乐、美术、体育、劳技等"边缘"科目，还是身处条件不佳的"边缘"学校，别人的不重视，都不应该成为身处其中的教师们自己不努力的理由。努力了，未必能成功；但是不努力，就注定会失败。只有教师的努力和信心，才能让学生看到希望；教师的点滴行动改变教育，才会让学生有信心在未来通过自己的行动改变社会。彼得森无论对自己还是对学生，始终抱有很高期望。

跨学科教学，也许是我们可以向彼得森学习的一种实用教学方法。她通过自己的实践，向人们展示了，艺术在人的发展中的作用，并且探索出一种具体的方法。跨学科教学，让教师意识到，原来音乐课可以这样教；让管理者意识到，音乐的力量竟然如此强大。

这种独创的教学方法，的确大大提升了音乐课在学校的地位。但是我们更应该看到，彼得森探索这种创新的教学方法，其目的绝不仅是为了给音乐课和自己谋得一席之地。正如她始终强调的，"我首先是教师，然后才是一名教音乐的教师"。

的确，优秀的教学无关教授内容，优秀的教师也无关学科领域。所有优秀教师的共同点，都是从培养人的目的出发，以学生发展目标为自己的目标，这才有可能发生真正的教育。

在彼得森的故事中，我们领略了音乐教育的真谛：不在于培养出个别出色的演奏家，不在于在比赛中获得多少奖项，但是每个人都可以体验音乐的力量，受到音乐的感染，通过音乐认识世界、认识自己、认识人生。

彼得森让我们看到，插上歌声的翅膀，每个孩子都是天使。有了音乐的滋养，教育之花会开得更加美丽。

第八章 2006年 金伯利·奥利弗：领导全校改革的学前班老师

名师档案：
姓名：金伯利·奥利弗（Kimberly Oliver）
任教学校：马里兰州银泉市广田小学
学校类型：郊区学校
在校生数量：520人
所教科目：学前基础
任教年级：学前班
教龄：6年

获奖理由：
　　当奥利弗2000年来到广田小学的时候，这所学校正因为学生学业成绩低而面临州政府强迫其重组的危险。被安排教学前班的奥利弗并未气馁，在努力当好孩子人生"第一位老师"的同时，还在这所学校中成为教师领袖，带领学校走出困境。

2006年，白宫玫瑰园迎来了一位年轻的黑人女孩。她来自马里兰州一所曾经面临关门重组的小学，是一位学前班教师。黑人、年轻女性、薄弱学校、学前班教师……单是这些符号就足以令人好奇，她凭什么被公众推选为这一年度全美国"最优秀的教师"，她笑容洋溢的背后有着怎样一段励志的故事？

教育人生

最年轻的获奖教师

据"美国国家年度教师奖"项目官员乔恩·夸姆所说，在56位美国年度教师中，除了历史上第一位"年度教师"杰拉丁尔·琼斯和1993年"年度教师"特蕾西·柏利，奥利弗是最年轻的获奖教师。

1976年10月20日，奥利弗出生在特拉华州威明顿市，1998年在汉普顿大学获得学士学位，2000年从汉普顿大学获得小学教育硕士学位。被选为年度教师时，她还不满30岁，仅仅工作了6年。

奥利弗说，她的教师之路可以追溯到童年时期。那里，有一个和蔼可亲的身影，对她循循善诱——那是她最喜爱的幼儿园老师钱德勒夫人。

"虽然，小小年纪的我说不清我为什么喜欢她，但是我已经决定，长大以后要成为像她那样的人。"

奥利弗说，"长大后，我意识到她至少在两个方面赢得了我的爱戴和尊敬。首先是她和我的关系，在她班级里的生活，和她的交流，给我留下了鲜活的印象。有趣的是，在我的回忆中没有任何其他孩子的身影，因为她使我感觉自己与众不同，就好像我是班级里唯一的孩子。其次是因为她送给我一个礼物——分享她对阅读的热爱。钱德勒夫人不仅教会我怎样阅读，还培养我对阅读长久的热爱，正是因为她，我成为了一个终身学习者。"

奥利弗认为，自己走上教师之路，还因为她拥有一个支持她的所有努力、帮助她成功、充满爱和稳定的家庭。她回忆起自己的教育经历，感慨地说："我的很多同学来自贫困、不稳定的家庭。当我得到机会进入严格的大学升学预备班时，我的朋友们尽管能胜任这些功课，却因为没有来自家庭的帮助和接受良好教育的机会，只能达到学校的最低要求。等到高中，我参加了大学先修课程，我的许多朋友仍在基础班甚至滑落到矫正班。"

从那时起，奥利弗总是在心里想，"假使我是一个处境不利的学生会怎样？假使我从来没有遇到钱德勒女士将会怎样？假使我的那些处境不利的朋友在他们的生命中能拥有钱德勒女士，那又将会怎样？"

正是这么多的"假使……将会怎样"让奥利弗选择成为一名教师。她想成为这个自变量"X"，在那些最需要的人的生命中有所作为。她渴望对年轻人产生积极的影响，就像钱德勒夫人曾经为她做的那样，跟年轻人一起分享对于学习和阅读的热诚。

奥利弗工作的学校广田小学是马里兰州蒙哥马利郡最穷的学校，90%的孩子有资格获得联邦资助的午餐，75%的孩子父母不会讲英语。小学服务于超过30%的流动人口，学校的人口由67%的西班牙学生组成，21%的非裔美国人，11%的亚裔美国人以及少于1%的白人和印第安人。

"我想激励和启发那些已经被人们放弃的学生，让他们知道不管统计数据显示了什么，他们仍然能够在生命中有所成就。教学给了我每天做所有这些事情的机会。"面对学校和学生的困境，奥利弗坚定了自己的信念。

奥利弗刚到学校时，这所学校正因为学生学业成绩低而面临州政府强迫其重组的危险。而今，广田小学在连续多年里达到或超过了《不让一个孩子掉队法》要求的学业测验目标。这与奥利弗的努力密不可分。奥利弗自己，在工作第四年即获得全国教育协会学前教育专业认证。

对于班中大部分学生来说，奥利弗是他们人生中的第一位老师。"我对他们每一个人都怀有很高的期望，我教导他们通过努力和坚持能够完成任何事情。我不仅将这些理念教导给学生，同样也传达给他们的家人和我的同事。我相信由于我建立的关系和教授的生活技能能够让我有所作为，这些东西将继续在幼儿园以外影响学生们的生活。"

教学秘籍

为学生提供"刚好合适"的任务

和许多高手一样,概括奥利弗的教学秘籍,大概可以说就是"没有秘籍"。就是对待学生细致到一个动作、一个眼神,深刻体会学生的需要,奥利弗成功地让孩子们在人生的起点上找到应有的自信。

每个孩子都需要一位钱德勒夫人

奥利弗成为教师后,她时常回想"钱德勒夫人"的点点滴滴。有趣的是,她的回忆中似乎没有任何其他孩子的身影。奥利弗认为,正是老师的关注,让每一个孩子都感到自己是特别的。

"公平并不意味着每个学生接受同样的教学,完成同样的作业。更确切地说,班级里的公平意味着每个孩子都正确地接受为取得进步所需要的东西,"奥利弗说。为此,她努力为学生设定个性化的学习、社会及个人目标。

奥利弗举了她教过的两个学生的例子。2005年8月,阿什莉和贾马尔同时来到奥利弗的班上。阿什莉没有任何教育经历,英语说不好,不会握铅笔,不能写自己的名字,不认识任何字母,因此奥利弗给她设立的近期目标是"学会适当的学校行为,写出自己的名字,认识名字中的字母"。贾马尔已经参与了为期一年的幼儿园学龄前项目,能够流利地说英语,认识所有字母,所以奥利弗给他设定的任务是"学会更多字母的字音,会读、会写几个高频单词,在教师帮助下会读简单的课文"。

"两个学生在班里学习,同样是班里的中心,但是使用了不同材料,满足了不同需要。"奥利弗在学年开始,就会通过各种方法对学生的需求作出评价。她通常会去求助真正的专家——学生的家长,去了解孩子在知识和社会性方面的发展水平,了解他们的特长、兴趣和需要。奥利弗也经常借助观察和正式评价。

学生家长艾莉·凯蒂说:"奥利弗使每个孩子都感觉到被接受。她让他们所有人都感觉到自己很聪明,能够学会做任何事情。"

三只小熊的故事是奥利弗在解释"公平"概念时最喜欢引用的。

"故事中每只小熊都是独一无二的,就像我的学生各不相同。每只熊喜欢不同的食物,一如我的学生。麦片粥也许太烫、太冷或者刚好合适。在我的教室里,作业可能太难、太容易或者刚好合适。学生们能够理解,我的责任是帮助每个人发现'刚好合适'的学习行为,没有比为每个孩子找到'刚好合适'的活动、帮助他们成功更能令我满意的了。"

"我相信学生需要感觉到舒适地做功课、探索、冒险及学习。我想要我的学生把我们的教室当作第二个家。因此,我将社群建立涵盖在每日的计划之中。我花时间与每一个学生建立关系,因为我将他们作为个体去尊重,并且我关心他们的整个身心健康,而不仅仅是学业成功。"

教学所得到的回报是不可估量的。除了每天看到的微笑、得到的拥抱和手工卡片外,奥利弗最享受的是看到学生在学前教育的一年时间中从"发芽"、"盛开"到"怒放"的过程。"我在帮助他们、观察他们。看到阿什莉学会写自己的名字,或者观察到贾马尔从'依葫芦画瓢'到能够标准拼写,那是令人惊异的体验。"奥利弗总结到,"设立不同目标,但对每个学生都保持高期望,无论他的起点在哪里,相信他都会有所进步。"

课堂管理,讲授教学不超过 10 分钟

不过,奥利弗也经历过新手教师的困惑。回想起自己当老师第一天的经历,奥利弗说,当我关上教室大门,将孩子和家长分开后,15个孩子中有4个大哭起来,接着有一个开始四处乱窜,试图从教室中逃脱。最后,校长亲自出马,才收拾了这个乱摊子。

奥利弗承认,课堂管理的确是让所有老师"抓狂"的问题。"无论你第一天当老师,还是已经当了十几年老师,不做好准备就去上课,下面的学生一定会状况百出。"

那么,奥利弗又是怎样应对这群只有五六岁大的小"恶魔"的呢?

"首先,订立规矩和养成习惯很重要。"奥利弗说,人在儿童阶段有很强的规则感,因此,孩子们非常喜欢按规则行事,需要明确知道老师对他们的期待和他们要达到的目标。在班级中建立一些常规,是

帮助低龄学生发挥潜力的最有效的方法。

"第二，在课前一定要做好准备。"奥利弗强调，这是老师远离课堂管理难题的秘诀。如果老师没有做好充分准备，五六岁的孩子在课堂上什么都做得出来。"比如，你要到办公室拿教具，可能刚一离开教室，学生们就开始按自己的想法活动，等老师再回到教室，很难把他们的思绪拽回课堂。"

"第三，要想各种办法保持学生的注意力。"奥利弗说，老师要知道学生喜欢什么，然后把它带到课堂上来。在这方面，信息技术帮了她大忙。

奥利弗解释说，她经常利用的教室里的电子白板，让孩子们用投票的方式回答问题。她在白板上写下问题，然后给出多个选项，让学生用投票器选择他们认为正确的答案。学生按下按钮的同时，就可以看到答案是否正确，奥利弗也了解了学生知识掌握的总体情况。"现在学生总是央求我让他们用投票器，就好像他们希望我进行测验一样。这就是他们喜欢的事情。"

"还有，让学生承担一些责任。特别是那些坐不住的和精力不集中的学生。"奥利弗说，她有时会给那些管不住自己的学生分配任务，比如帮助全班同学削铅笔。这并不是惩罚，而是让他们更加专注。奥利弗说，"这样一来，这个孩子就没有机会开小差，更投入到我们的集体中来"。

奥利弗这样描述自己和学生一天的学习生活：

"每天早上一进教室，我先要给学生一点时间，让他们安定下来。这对孩子和对成人来说同样重要。现在，很多成年人到工作岗位，先要喝杯咖啡，把家里的大事小情从头脑中清除出去，看看这一

第八章 2006年 金伯利·奥利弗：领导全校改革的学前班老师

天的工作。我允许我的学生也这样做。他们在教室里吃早餐，和朋友聊聊天，看一会儿书，让自己做好学习的准备。关键是老师要让他们知道，他们今天有什么可期待的，以及什么等待着他们。这对孩子们成功地度过一天学习时光大有帮助。"

接下来，是班会时间，学生们和奥利弗围坐在地毯上，分享自己的心情，了解一天的任务目标。这之后，奥利弗带着孩子们在教室里唱歌跳舞，让他们的身体和大脑活跃起来。下面，是写作环节。大概10分钟的教师主导课程之后，学生两人一组讨论自己写作的思路，然后用20分钟的时间独立写作。

"你可以看到，在一天最开始的45分钟里，就出现了大组、小组和独立三种学习方式。"奥利弗说，把一天的时间分成小块，然后开展多种多样的活动，对于低年级老师来说是最重要的教学技巧。不断地集中、分散、集中，她会用同样的方式，完成接下来的阅读、数学、科学等课程，让孩子们动静结合，注意力始终停留在课堂上。

奥利弗说："老师在做教学计划时就要有概念，讲课单次不要超过10分钟。如果你希望学生上二三十分钟的课，然后还能安安静静地坐着，那无异于自寻烦恼。如果你希望学生连续坐上1个小时，那根本是不可能完成的任务。"不过，奥利弗表示，老师讲课的时间是逐渐增加的，在学前班开始时，可能老师讲5分钟就要停下来，到学期结束时，可以一次讲15分钟。

戴安·豪夫曼是蒙特马利郡公立学校学区内培训师，为广田学校的教师提供咨询和培训。她对奥利弗的领导能力和技巧留下了深刻的印象，她说："她拥有高超的教育技能，远远超过了她的年龄。""当你看到她的学生在活动的时候，难以相信他们是学前班的学生。任何时刻，没有任何人会浪费教学时间的分分秒秒，他们共同创造了一曲学习的交响乐，"她补充道。

邀请家长，更好地理解学生需求

对于初入教职的奥利弗来说，比教室里的混乱更让她难忘的，是孩子和家长被教室门毫不留情地隔开时的一幕。她意识到，要想让教室成为孩子们的第二家园，教师必须和学生及其家庭建立联系。

"和家长一起工作，我能更好地理解学生的需求。"于是，奥利弗尝试着打开那扇隔绝的大门。

一位名叫艾莉·凯蒂的家长说："奥利弗女士定期联系我以及其他家长，告诉我们孩子在学校的进展情况。我总是知道孩子在学校正在发生什么，并且知道如何在家里帮助他。"

广田小学的学生来自31个国家，说着28种不同的语言。考虑到学校地处移民聚居区，家长同样缺乏语言技能，并且因此无法辅导孩子的学业，奥利弗还将自己的课堂向家长延伸。她举办促进读写和家庭阅读时间的"晚餐读书会"——让家长参观学校，并从图书馆借阅书籍，全家人在一个温馨的地方一起读书。

参加活动的家人获得免费的书籍以增加他们个人的图书书库，这样一来他们就能在家里继续家庭阅读时间。阅读之后，奥利弗为大家提供一份公共的晚餐，鼓励家人之间互相沟通同时也认识周围的邻居。"我发现这个活动对于孩子和家长来说，都是令人鼓舞的。这些孩子非常高兴与家长共同安静地、不被打扰地阅读，这些家长也因自己的孩子而骄傲,"奥利弗说。

现在,广田小学的"晚餐读书会"已经成为一项传统,每年举行四次,而且是最受社区居民喜爱的活动。

奥利弗也教家长如何在家里支持学校课程,帮助他们学习文字处理、上网等基本的电脑技能。她还和同事一起努力争取到拨款,购买了便携录音机、平板电脑等,将书中的内容朗读并录制下来,让学生轮流带回家里与家人分享。"这些资源能够帮助提供学校早期成功必要的基础技能。更重要的是,它允许家人一起欣赏朗读,解除了那些正与语言障碍或不会读写作斗争的父母的负担。"

奥利弗鼓励一些有双语背景的家长担任学校的志愿者。路易丝的妈妈、讲克里奥耳语的艾莉·凯蒂女士说:"许多教师不让家长去做志愿者,由于她们的英语水平不高,老师们不认为她们能帮上什么忙。但是,奥利弗女士就像对待学生一样,对我们这些家长同样抱有高期望。"

艾莉在教室里帮忙,在家里做事,与班级一起去实地考察旅行,与那些双语的学生一起合作以及为其他一些家长做翻译。她感动地说:"奥利弗女士以如此尊重的方式对待我们,让我感到我确实能起到作用。"

艾莉说:"在奥利弗女士那里,我学到了如何在家里帮助我自己的孩子;学到了每一位家长,不管来自哪里,说着什么语言或者他们自己的教育水平如何,都能够帮助他们的孩子和学校。"

教育理念

不让一个孩子输在起跑线上

奥利弗初到马里兰州银泉市广田小学任教的时候，学校正因学生学习成绩低下面临关闭重组的危险。一年以后，这所学校成为全州测试分数进步百分比最高的一员。2003—2005年的三年中，学校成功地达到了"适当的年度进步"，达到或超出了《不让一个孩子掉队法》的所有要求。

广田小学的校长、师生、家长一直认为，奥利弗在帮助学校走出危机方面，扮演了一名带头人的角色。她年纪虽轻，但已经担任了学前教育团队领导，参与学校扩大专业发展委员会的工作，为学校改革上下奔走。

在促进薄弱学校发展、帮助处境不利学生提高成绩方面，奥利弗进行了哪些尝试？又有什么可供借鉴的做法呢？

打破僵局，发挥集体智慧

"当时，教师们各自独立，工作没有效率，对学生的期望不甚明确，"奥利弗说，"所以，我最大的努力是作为一名教师领袖，建立一个专业学习社区，大家合作提高教学和学习水平。"

集体学习。奥利弗说，按照学区要求，广田小学的教师当时被要求每周三要额外增加一些工作时间，专门用于增进教师之间的相互了解与合作。于是，奥利弗建议将这个时间用于教师集体学习。大家在一起分享教育学知识、读各种专业文章，然后讨论怎样应用于工作中。

例如，为了进一步理解那些深受家庭贫困影响的学生有何需求，奥利弗和老师们会研读鲁迪·佩恩的《理解贫穷的框架》。或者给所有教职员工，包括辅助教育者，提供基于乔恩·撒普尔《熟手老师》一书的"理解教学"课程。

"开始，我们是一个正式的学习组织，"奥利弗说，"每次的学习时间分为两段。前半部分按照计划，老师们一起制订下一阶段的教学计划。比如，大家一起确定某一知识点的最佳教学方法，如何对学生进行评价，以及怎样去教那些已经掌握这个知识点的学生，怎样去教那些学完整个单元还不会的学生。后半部分，我们进行一些小组读书活动。"后来，随着学校逐渐有了起色，这个活动不再是强制性的，但是老师们仍然喜欢。

集中批改作业。奥利弗说，广田小学为了提高教育质量，还有一项特别的措施——集体为学生批改作业。参加这项活动的老师需要在"调整协议"上签字，表示认可协议上详细列出的教师须知。签署协议的教师，在固定的时间集中起来，带来各自学生的作业，交给全体教师进行批改，并且事先准备好一些问题，例如，"我该怎么做才能使这个学生的阅读水平更上一层楼？"然后，小组里的教师会共同审阅学生的作业，提出反馈意见或建议。

"这个办法对于解决班里那些令老师头疼的个别学生大有帮助。但是，我们也发现这样做需要耗费大量时间。"奥利弗经过反思后，又对集中评阅作业的方式加以改进，分为小组、年级或单个学生等多个层次。奥利弗表示，"这样更有效率。集中批改作业，可以帮助我们了解我们的教学走到了何处，还需往何处努力。它还有一个好处，就是可以从那些平时没机会说话的同事那里得到非常好的意见、建议。"

课堂走访。为了改变学校的状况，奥利弗还发起了"课堂走访"活动。所谓"课堂走访"，与我们所说的推门听课颇为相似，所不同的是，这不是一个自上而下发起的活动，听课的不是校长或年级主任，而很可能是隔壁班的老师。

奥利弗说："作为专业人员，老师们不喜欢校长或行政人员走到你的课堂里，观察你讲课，然后给你的教学工作下一个结论。因此，我们用的是自下而上的方法，由教师自己互相走访，作为促进专业发展的驱动器。"

"课堂走访打破了老师们课堂教学彼此隔绝的情况。过去，囿于自己的教学任务，大家很少有机会去看看其他人在做什么。课堂走访恰好给了老师一个机会，暂时离开自己的课堂，看看周围正在发生什么。"

奥利弗认为，"这有利于学校文化的形成，有利于增进同事间的信任，可以帮助教师们看到自己工作与他人工作的相互联系。比如说，我是一个学前班老师，我的学生不需要接受全州统一测验，但是，我通过课堂走访，意识到学习的连续性，看到我现在教给学生的东西如何在三年级时继续发挥作用。课堂走访也可以让我们看到每个同事的所长和所短。"

"课堂走访"活动最忌流于形式，这一点奥利弗有切身体会。"刚开始，大家习惯于相互安慰，从对方身上印证自己哪里做得好。过了很长一段时间，老师们才开始指出问题，去思考怎样改进，"奥利弗说，"课堂走访要想取得实效，需要诚实和批判性的对话。"

奥利弗还强调，到别人班里听课最好别超过5分钟，这个片断足够教师对课堂有一个大致感觉和发现一些突出特点，这也可以缓解外来者给讲课教师造成的压力。

奥利弗说："学习型教师组织可以让我们分享彼此的专业技巧，使学生从整个教师团队中获益，减少因教师个人弱点所带来的影响。"

推行改革，缩小学生成绩差距

奥利弗认为，目前美国公立教育受到许多现实问题的困扰，而摆在广田小学面前的最现实的问题是提高处境不利学生的成绩。和学校存亡、教师个人发展相比，奥利弗更关切的是如何让学生受益终生，摆脱不利处境。

在她看来，有许多原因导致了学生成绩差异，包括优质早期儿童教育项目的受限、文化理解以及语言障碍等。她举例说，"来自不同背景的学生一起进入学校，每个人都带着他或她自己的信念和传统，这些信念和传统与许多教育者所持有的美国主流信念和传统通常是不一样的。这些文化差异会导致误解和错误观念，影响学生的学习。例如，在一些文化中，时间不是很重要的。然而，教育者珍惜时间并认为每天和按时到校是必要的。这些冲突会导致较差的出勤情况。学生经常错过宝贵的教学时间，进而落后于他们的同伴。教师将会把这种行为误解为缺乏兴趣或动机，接着反过来降低他们对学生的期望。"

"语言也是学生成绩的一个主要障碍。尽管很多第二语言学习者在非正式对话中能够表达和理解，但是他们缺乏在学校进一步发展所必需的词汇和语言结构。对于英语语言学习者和生活在贫困中的学生来说，在掌握正式语言时存在困难都是很普遍的。结果是很多这样的学生因为理解困难而表现低于年级水平。"

根据广田小学在帮助高风险学生方面取得的成功，奥利弗对美国公立教育改革发展提出了如下建议：

减小班级规模。奥利弗说，"这个做法在我们学校已经取得了成功。减小班级规模可以使教师集中调整教学法，适应不同学生的需求"。奥利弗坦陈，自己班里有15名学生，如果有30个学生，可能许多事情就无法做到。

提供熟练教师。"一位有质量的、优秀的教师能够超越种族、贫穷和语言障碍，因此，处于不利境地的学生应该拥有多才多艺的教师。"但是，很多研究显示，这些学生通常是由新教师、没有做好充分准备或没有经过充分培训的教师来教的。结果是教学无效、期望值低和学生成绩差。学校应该提供培训，帮助教师提高工作技能。奥利弗所在的小学鼓励教师申请国家委员会证书，而近期研究也显示，通过美国国家教师资格委员会认证的教师在提高成绩方面更有效果。奥利弗还强调，"无论采用什么方法获得或创造技艺高超的教师，这一点是必不可少的，即为了缩小成绩差距，一定要把最好的教师分配给处境不利的学生。"

为家庭提供支持。"疾病、饥饿和陷入困境的孩子都不能集中注意力学习，"奥利弗说，"贫穷通常会伴随着许多妨碍学生学习的其他情况，许多家庭缺乏战胜这些问题的必要资源。因此，给深受家庭贫困影响的学生提供对于家庭的支持性服务，也能帮助提高学生成绩。"她建议，学校提供服务以解决特困生以及他们家庭的健康、营养和咨询需要的问题。学校教育应以"全人"为目标，并且意识到学生的整体健康对于他或她的学业成功来说是必不可少的。这将帮助学生和家长减轻忧虑，也将给师生提供一个注重学习的机会。

全方位的教育问责制

在近年来的美国教育改革中，争议最大的就是与学生成绩挂钩的问责制，此项政策遭到各地教师工会的抵制。然而，作为全美教师的代言人，奥利弗却认为，"在教学工作中，问责制意义重大"。

不过，奥利弗所指的不是专门针对任课教师和考试成绩的问责。她认为"教师、行政管理者和学生都应该为学生的学习负起责任，因为每人都有一个重要的角色和职责，而且每个人的角色和职责都是互相关联的"。

奥利弗说，教师的责任是为学生提供合适的内容、知识和技能。学校的责任是为教师提供适合的培训，它们还需要利用相应资源和材料提供一个完整的课程，保证教师和学生的成功。

"教师评价系统是一个重要因素，教师的工作应该得到评价，效率得到测定，"奥利弗说，"我的学校系统采取的一个创新措施是把教师评价系统和国家专业教师标准委员会的核心任务结合在一起。在考取国家专业教师标准委员会证书的时候，我发现，反思是优良教学的本质因素。我相信，有能力反思的教师能不断进步，为学生的学习负起责任。"奥利弗特别强调，"好教师不必是那些上出成功的课或教出最高分的教师。好教师是那些有能力去反思一堂课、理解什么对了或什么错了、寻找策略让下次更好的老师"。

在奥利弗看来，学生也应该分享责任，因为他们最终要为自己的学习负责。即使运用优秀的教学法，富有思想的课程和充足的资源，学生仍需要付出高效努力才能获得成功。学生应该被教会去进行自我评价。确定学生责任时，标准考试不能是课堂取得成功的唯一标准。

"相反，必须使用多样化手段来决定学生的学习和责任，这些手段应包括（但不限定）教师的观察、教室表现、课堂成绩、职务、学区评估和标准化评估，因为在决定学生是否达到特定标准之外，问责制还应考虑和衡量学生的学习和进步。承认学生的进步很重要，即使一个学生没有达到既定标准，根据他的出发点，他完全可能取得了有意义的进步。"

总之，问责是定义和确定起来非常复杂的问题，绝大多数人相信，一定形式的问责是必要的，但是，确定何种形式并非易事。奥利弗相信，灵活性是关键，因为学校、教师和学生都是独一无二的，"一尺定天下"是不可能的事。

第八章 2006年 金伯利·奥利弗：领导全校改革的学前班老师

发展早教，把好人生第一关

"许多处境不利学生在进入学校时就落后于他们的同伴。而且，学生在一开始就落后的情况下，追赶同伴就会变得难上加难。"奥利弗通过观察发现，如果一个孩子在二年级时没有达到相应的阅读要求，影响可能会持续到中学。相反，通过早期教育，奥利弗所教的全日制学前班中的低收入家庭学生的阅读水平，已经赶上了更加富裕社区的半日制幼儿园（学前教育的另一种形式）中的同龄人。

"让处境不利的学生拥有一个更早的开始势在必行。"奥利弗的观点与中国家长"不让孩子输在起跑线上"的意识有些类似，但不同点在于这更多的不是一种竞争，而是为落后者弥补差距。奥利弗解释说："近些年来，美国家长为学前教育支付大部分费用，学前教育的质量也因支付数量而不同。结果是，贫困家庭的父母大部分都拒绝给予优质的早期儿童教育。"

作为国家年度教师，奥利弗在各种场合强调早期儿童教育的重要性。这并不是因为她是一名学前教育的老师，而是她意识到"投资早期儿童教育对于学生和社会来说具有长远利益"。

奥利弗认为，美国早期儿童教育的重要性被许多公立学校系统极度看轻或者忽视。"其主要原因是，我们信赖私立机构、日托中心以及临时照顾幼儿者为学生做入学的准备。"奥利弗说，"作为一名幼儿园老师，我直接了解到每年很多学生进入学校的时候是准备不充分的。许多缺乏与年纪相适应的口语语言技巧、阅读技巧以及关于字母表的任何知识。"

"发展早期儿童教育的许多好处都已经在各种研究中得到证实。这些成果中的很多将帮助缓解学校当前面临的许多挑战，帮助学生发展更好的社会、认知和言语技能。他们被留级或者需要矫正或特殊教育服务的可能性更低。学生在长期的学术成果中得到改善而且更可能顺利毕业。"

奥利弗相信，早期儿童教育是一个与所有教育者相关的重要话题，而不仅仅是学前班教师的事情。五年前，蒙哥马利县公立学校通过矫正进幼儿园之前和幼儿园的课程，使得课程更加严格和为特困生增加全日制学前教育来投资早期儿童教育。随着这些学生在小学中不断进步，他们达到了比之前学生更高的水平。"考虑到我们学生的需要，我们学校系统现在正注重增加初中课程的严格性。试着想象一下在高中和大学的应用吧，"奥利弗满怀信心地说。

"经济也会受益于优质早期儿童教育项目。"奥利弗解释说，学校将花更少的钱在矫正服务上，学生为满足劳动大军的需要也做好了更加充分的准备。而且，参加这些项目的学生成了更好的市民，他们挣更多的钱，缴纳更多的税收并且更少地实施犯罪。投资早期儿童教育项目的经济效益是长远的。

奥利弗建议，为所有学生提供参加优质早期儿童教育项目的机会，应该纳入公共财政预算。对于高风险的学生，早期教育项目应该从3岁开始，其他学生可以从4岁开始，接受全日制的学前教育。同时，每一个阶段的学前教育都应该有清晰确定的学习目标。

教师寄语

教学的中心是和谐的人际关系

金伯利·奥利弗在国家年度教师申请中这样陈述她对教学的理解:

教学是一项有意义、有挑战性和有益的职业,它的中心是人与人的关系。教学是有意义的,因为教师对社会中的每个人和每个职业都会产生影响。

教育工作者的责任是使学生拥有将来胜任工作必需的基本技能,不管工作是什么。但是,只有少数人知道,教师的工作不只需要教授技能或者科目内容。教师不仅要为学生工作做准备,还要使学生成长为好公民,成为对社会有贡献的人,要抚育学生,开发学生的天赋和能力。总之,教师要努力培养全面发展的个人,让他们成为栋梁之材。这是一项令人敬畏的责任。

为此,教师必须和学生及其家庭建立联系。建立各种和谐的人际关系是我形成个人教育风格的基石。学生需要在安全的环境中工作、探索、冒险和学习,我想让学生把教室当作第二家园,所以,我把营造班级文化氛围纳入日常计划。我和班里的每个学生建立了个人关系,我尊重他们,关心他们全面的幸福,而不仅仅是学业成功。

另外，我也鼓励并推动学生互相建立友谊。我给学生们留出一定时间，一起付出很大努力来感谢同情、祝贺成功、安慰朋友、帮助解决问题。

构建人际关系帮助我密切地了解每一个学生和他们面临的挑战。虽然建立和谐的人际关系是有难度的，但它值得付出努力，它是教学和学习的支柱。

越考虑学生的各种学业需求，建立人际关系所面临的挑战就越大。学生学习和发展的速度是不一样的，我的教学就基于这样的认识。我相信，如果有足够的时间、适当的资源和材料，每个学生都能高水平地学习和获得成功。因此，我和学生、家长一起制订个性化的学习、社会和个人目标。我测定每个学生的出发点，为每个学生安排行动进程。

看到一个孩子身上闪着自豪和自信之光，它就已超越了回报。

启示

最好的教师去教最困难的学生

"最好的教师应该去教最困难的学生。"奥利弗这句朴实无华的话，指出的恰恰是当今教育面临的尴尬——优质师资往往流向好学校，好老师更愿意教好学生。不可否认，评价方式、社会导向、教育理念等多方面原因影响着教师的选择，即便美国也同样如此。

移民子女、贫困社区、低落的士气、濒临解散的学校，奥利弗的教师生涯起点并不高，几乎等同于我们招收打工子弟的二三流学校。但是，工作短短6年，奥利弗就成为全国教师的典范。她的故事让我们看到了，在薄弱学校中，好教师能够发挥出的更大价值。她的故事，对于那些身处"逆境"的年轻教师来说，或许除去具体方法，也有着励志作用。

如果我们留意会发现，奥利弗并不仅仅是凭自己的满腔热情和在大学里学到的理论知识蛮干。她特别强调人际关系的和谐，善于站在别人的角度考虑问题，做事讲求方式方法。比如，她会邀请那些墨守成规的老教师到她的课堂上听课，因为她深知单凭劝说，这些教师很难听从她的改革建议，但是当他们看到一位年轻教师的优质教学，却可以带来深层的触动。

家长眼中的奥利弗"非常好接触、很爱笑,让周围的每一个人都感到很舒服"。她肯定家长在孩子教育问题上的作用,也对家长进行教育方法指导,但是从不居高临下地指指点点,或让家长感到老师在推卸责任。

对于学生,奥利弗强调建立"个人关系"。这是从她的偶像钱德勒夫人那里继承来的,让每一个学生感到自己是独特的、受关注的,而不仅仅是班级中的一个分母,考试中的一个分数。或许我们也有这样的经验,当学生感觉到老师关心的是学生本人,而不是班级纪律、集体荣誉、考试成绩或自己的权威时,他们会表现得更加愿意配合和投入。

其实,建立个人关系的方法并不难,可能只是对学生的一个微笑、一个示意、一句关心问候、一次为他们设身处地的考虑问题。

奥利弗的偶像是她幼儿园时的老师钱德勒夫人,那个能让每个学生回忆童年时都感到自己曾被老师所钟爱的教师。而今,奥利弗也做到了这一点。或许好教师的价值在帮助薄弱学校作出改变之外,更重要的是改变了一些人的人生。

附录：美国国家年度教师那些事

之一：年度教师是如何产生的

任何一个重视教育的国家，都会以某种形式彰显对教师职业的敬意与推崇。这其中，蕴含着一个国家对教育、对教师、对人的价值的理解与认同。

纵看这些年的美国国家年度教师事迹，并没有我们常见的那种可歌可泣、鞠躬尽瘁的红烛形象，反而很多是在自己的岗位上运用聪明才智，发挥无尽热情，乐于和学生相处，把教育当作人生享受的教师。这与年度教师的评选标准不无关系，这背后更进一步反映出对"优秀"的不同理解。

美国国家年度教师究竟是怎么评选出来的，它提倡什么？奖励什么？还原这个过程，或许可以为我们更好地认识这些优秀教师，更好地理解他们的教育理念和方法大有裨益。笔者几经周折，联系到该奖项的主办方——美国州立学校主管理事会（CCSSO），来为我们作一解答。

问：美国国家年度教师奖是由CCSSO发起的，这是一个什么样的机构？

答：CCSSO是州立学校主管理事会的英文缩写。这个理事会是一个全国性的非党派、非盈利组织，它代表的是全美各州中小学教育系统的教育领导者。CCSSO致力于改变美国公立教育系统，为当前公立教育发展的重点问题提供领导力、辩论和技术支持，寻求其成员对主要教育议题的共识，以及在专业组织、联邦机构、国会和公众面前发出自己声音的机会。

CCSSO引导和支持各州公立教育系统在四个重要方面进行改革：教师队伍，信息和教育科研系统，下一代学习者，标准、评价和绩效。其中，第一个领域便是教师队伍。我们认为，有效的教师和学校领导者是学生取得成功的关键。CCSSO呼吁各州改革创新，相互学习，提供新的学校领导者，从而改进教师职业。我们所做的一切，最终目的都是帮助所有美国学生为升学、就业和未来生活做好准备。

问：为什么要评选美国国家年度教师？

答：国家年度教师项目创建于1952年，其目的是为了提高教师地位和社会对教师职业的重视程度。当时美国正处于战后的婴儿潮时期，人口的快速增长带来对教师需求的激增，所以需要鼓励更多人加入教师职业。多年来，我们始终致力于通过国家和各州年度教师评选，来奖励工作在全美各地课堂中的一线中小学教师，提升教师职业的社会地位。

问：一年一度的美国国家年度教师是怎样产生的？

答：每年，美国50个州和5个海外属地以及哥伦比亚特区、国防部教育活动部会首先评选自己的年度教师。各地的评选标准并不统一，但是基本原则是一致的，一是都会经过严格的筛选程序，二是确保选出的教师具有一流课堂教学能力和向公众传递信息的能力。

各州年度教师获奖者都是国家年度教师的候选人，他们需要提交一份书面申请和三封推荐信，申请书包括候选人对八个议题的阐述，从个人教育理念、教学方法、师生关系到当前教育热点问题。前一年的12月底，全国评选委员会将从众多候选人中选出4位提名者，并于第二年2月到华盛顿进行最后的面试。

最终，只有一位教师能够当选国家年度教师。每年4月，会由美国总统向全国隆重介绍这位教师。所有州年度教师也会受邀出席颁奖仪式，并参加一系列活动，探讨美国教育问题。

问：国家年度教师的评选有什么标准？

答：我们在网站上对年度教师候选人资格的描述是这样的：从学前班到十二年级的公立学校教师，对教育工作特别投入、拥有丰富知识和技能，并且打算继续活跃在教学岗位上。年度教师还应该满足以下四个条件：

1. 激励所有背景和能力的学生学习；
2. 受到学生、家长和同事的尊重和认可；
3. 在社区中发挥和在学校中同样的积极、有效作用；
4. 泰然自若、表达清晰，能在繁忙的日程安排下保持精力充沛。

其实，国家层面的标准其实是相当宽泛的。毋庸置疑，年度教师的候选人全部是高水平教师，各州评选时已经对教师的教育教学能力进行了严格检查，所以国家评选委员会重点看他们是否具有作为教育发言人、信息传播者的能力。

问：评选委员会都包括哪些人？

答：美国国家年度教师全国评选委员会由15个全国性的教育组织构成，涵盖与教师职业相关的各个层次，包括教师、校长、官员、教师培训者、教师培训机构、州和地方教育管理委员会、小学和早期教育、家长和公众，等等。15个组织代表800万和教育相关的公民选出当之无愧的国家年度教师。CCSSO是评审的组织者和资助者，但是不参与投票评选。

问：既然这是一个非政府行为，为何每年美国总统都会为获奖教师颁奖？

答：这个传统始自杜鲁门总统执政时期。总统是代表个人来行使这项特权的，而不是代表美国政府。有什么比总统亲自向全国隆重介绍这位教师更鼓舞人心的呢？有什么比总统为教师颁奖更能吸引公众的关注、增加对教师的尊重呢？教师是帮助美国未来一代取得成功的关键，因此总统很乐于做这件事情。

问：为什么每年只有一位教师当选？

答：每年只选一个人，这的确是一个很难做出的决定。但是这不意味着，只有这一个人是最好的老师，美国国家年度教师奖代表的是全国所有伟大的老师。实际上，这个项目更重要的作用是为教师提供职业发展和能力提升机会，每年都会有超过5000名教师参加各个层次的年度教师评选活动，这对于激发他们的职业热情，提高教学能力都有积极作用。

问：美国国家年度教师评选已经持续了60多年，你们是否发现优秀教师身上所具有的共同特点？另外，时代在变，教育在发展，您觉得优秀教师反映出哪些新的变化？哪些是不变的？

答：最近几年，我们会邀请所有州年度教师到华盛顿参加会议，他们自己也会对优秀教师的基本特点进行总结。我们发现，最基本的特质是对学习、对教学和对帮助学生取得成功的持续不断的热情。的确如你所说，时代在变，学生走进学校时会给教师带来各种各样的挑战。同时，课堂里的设施不断更新，知识内容也在不断变化。但是，伟大的教师总是做好准备去面对这些挑战，他们会确保每一个学生在他的能力范围内取得最大的成功。

问：年度教师项目对于广大普通教师来说有何意义？获奖教师对其他人有何影响？

答：年度教师的称号意味着这位教师在职业领域成为最优秀者的代表，他们的事迹会被载入美国教育史册，其影响在教育领域内外都真实存在。

当选国家年度教师以后，老师会有一项特殊待遇——他们将从教室中解放出来，作为教师职业的发言人和倡议者，到美国各州和世界其他国家交流。这一年中，获奖教师所在的州和学区要保证其工资和福利，而这位老师的所有日程和安排则要围绕国家年度教师项目进行。据不完全统计，年度教师全年要参加约150场活动，包括在电视、广播、报刊等媒体上代表教育者发出声音，还会被邀请参与国家和州里的政策建议讨论。

年度教师更愿意将获奖看作一种传播优秀教师品质的责任，而不仅仅是一个奖励和荣誉。当然，各位获奖教师对荣誉和奖项的看法各不相同，但是他们都强调改善教师职业、提高教师地位。

之二：关于年度教师的中国之行

美国大使集团是美国国家年度教师项目的两大合作伙伴之一，从2011年开始该机构负责安排年度教师来华访问。作为项目合作者，他们如何看待这个奖项？如何看待这些获奖教师？如何安排他们的中国之行？美国大使集团负责人与笔者的对话如下。

问：你们以何种方式与美国国家年度教师项目合作？

答：我们从2010年开始成为国家年度教师项目的合作伙伴，并且不断扩大合作。大使集团为项目提供一部分经费支持，在颁奖活动期间陪同教师一起出席各种活动。现在，每年安排年度教师到中国的旅行。

问：为什么要让获奖教师到各地旅行？对他们来说，会有何收获？

答：在我们看来，这不是单纯的旅行，更是文化和教育之旅，帮助教师们开阔视野，使各地教师能够进行面对面的交流。

拥有全球视角对今天的教师和学生来说都很重要。有一位获奖教师曾说："教师将世界带回到他们自己的教室里，如果教师不理解它，怎么能教会学生呢？"教师是使学生成为未来一代领导者的关键。如果他们能为学生提供全球视角，才能让他们成为具有跨文化理解能力和合作、去创造一个更加和平的世界的公民。

问：为什么选择让老师来中国？教师们怎么看待这次旅程？

答：中国是我们的首选，因为它在世界舞台上扮演的重要角色和它的教育系统所取得的不容忽视的成就。此外，我们与中国进行民间交流的历史源远流长，我们希望以此来延续这一传统。我们通常会安排教师访问北京、西安等城市，会见教育官员，与中小学教师进行座谈，在大学演讲，并且参观故宫等文化古迹，感受中国人民的友好和热情。

米歇尔·谢尔是第一位到访中国的年度教师，她在全年参加过很多活动，比如NASA的夏令营，在NEA年会上为4000名教师进行演讲，但是她把中国之旅当作全年的亮点，在后来的演讲和会谈中常常提及。

她说："和中国教师的文化交流让我意识到，尽管我们的教学方法有诸多差异，但是我们也有很多的相似之处。教师就是教师，我们的目标都是帮助学生获得成功。我们还面临着共同的挑战，即所谓成功，不仅包括对知识的精通，还包括发展在全球竞争中立足的多种能力，包括批判思维、创造性地解决问题以及合作能力。"

之三：年度教师的变化与传承

自1952年至今，科技飞速发展，社会环境日新月异，教育的设施条件、手段方法甚至教育对象也发生了显著变化。本部分摘录从1952年到2013年间不同获奖教师关于教育的论述，从中可以看到教育理念的变化与不变。变化的，有助于我们理解教育的时代特征；不变的，或许就是教育的规律与精髓。

我十分喜欢和孩子们在一起，我认为自己是最幸运的。首先，我所在的希望学校有一位令人愉悦的校长，让我能在非常愉快的环境下进行教学；其次，希望学校的教职员工毫无保留地接纳了我，这个团队是最善于合作、彼此友善的专业组织。希望学校有3名男教师和7名女教师，以及一位能够把有趣的活动带到学校、带给每一个学生和老师的学监。大家在一起如同家庭成员般的美妙感觉——董事会、教师、社区紧密合作，家长会、居民学习小组、社区成员通力合作，致力于学校的整体发展和每一个孩子的成长。我十分享受在1950年建成的漂亮的、现代化的一年级教室中教学，面对28个性格迥异、充满挑战的孩子。一所好的学校，鼓励并给予老师们在能力范围内做到最好的空间。

——1952年国家年度教师 盖利·琼斯（Gerry Jones） 加利福尼亚州 希望学校 小学部一年级教师

我相信，教室是孩子们发现自我和发现学习乐趣的实验室。教室中必须有浓厚的氛围，尊重每一个学生的独特性，肯定差异的价值，鼓励与众不同。学生首先感到自己被人接纳，才能学会接纳别人。

为了让学生学着成为一个对社会有用的、独特的、平等的个体，我们需要以水平的方式组织学校和课堂，而不是垂直的方式。因为垂直结构的特点就是按照先后、优劣排序，水平结构则允许不同的学生在自己的基础上去成长，让每一个人都能作为一个有自身价值的人去发展与同伴的关系。

——1966年国家年度教师 莫娜·戴顿（Mona W. Dayton）亚利桑那州 沃特·道格拉斯学校 小学部一年级教师

每一个学生都应该得到机会，自信地去挑战某些未知领域。为了帮助他们做好准备，他必须有在实验室中探究并取得成功的经历。我们应该鼓励学生去为自己的问题寻求答案，而不仅仅是正确地解答试题。我们应该鼓励学生从几个答案中选择最好的，同时要让他们知道，世界上没有绝对正确和唯一的答案。有了这样的观念，学生会尝试运用自己的能力，去发现自己的最佳答案。这样，他不只是对获得答案这个结果感兴趣，而且在为了获得答案而进行探究的过程中感受到自己的力量。

——1970年国家年度教师 约翰尼·丹尼斯（Johnnie T. Dennis）华盛顿州 沃拉沃拉高中 科学教师

我相信，教育应该通过最大限度激发学生潜能，使学生获得工作和生活技能，来促使受教育者的自我实现。教育应该意识到学生的不同文化背景，并承担起帮助他们成功适应社会的重要责任。

我相信，为了让学生尽可能地学有所获，所有与他们成长相关的人应该全面展开合作。

教师必须接纳"每一个孩子都是独特个体"的观念，帮助他们发展积极的自我概念，营造良好的学习环境，激发学生学习知识的需求和渴望。

——1976年国家年度教师 拉比·莫奇森（Ruby S. Murchison）北卡来罗那州 华盛顿推进初级中学 七年级社会学教师

教师是众所周知的理想主义者，但我认为这种理想主义也需要一些现实主义的调和。

教师需要在教室中营造良好的气氛。我认为，教师如果把自己当作一个威吓学生的人，那么他永远不可能带来这种和谐气氛。如果教师告诉学生他来到这里是为了提供帮助和给予一些指导，学生通常会接受。我教过一些被贴上"失败"标签的学生。教师必须让这些学生确信自己能够成功。对于十几岁的问题少年，有效的教育方法不是长篇大论地谈话和教导，而是"证明"。首先，向学生证明你看到了他的价值，然后建立一对一的师生关系。

——1980年国家年度教师 比佛利·毕姆斯（Beverly Bimes）密苏里州 海资伍德东部高中 英语教师

学生们从未向今天这样被淹没在信息的洪流当中。教师们必须看到，我们最重要的角色是催化剂。

当我痛苦地发现学生能记住的历史知识越来越少的时候，我改变了课堂教学的主要目标。记住具体的时间、事件让位于激发他们对学科的兴趣，培养他们对学习的热爱。我知道，我的成功不在于学生在测验中得到 A 的成绩，而是在于他们在课后还热情地讨论着课堂上所学的内容，在于他们主动查找更多的关于这个学科的信息，或者在于他们盼望着和我分享他们自己对某些历史问题的观点和新发现。我努力传递给学生的是好奇心和对学习的热情，以使他们能够成为终身学习者。

——1985年国家年度教师 尼奇·道泽（Therese K. Dozier） 北卡罗来那州 休治·卡明斯高中 伊莫高中 历史教师

80年代的主题词是卓越，实现卓越的途径毫无疑问正是有效教学。研究表明，教学效率依赖于教师的时间管理技能、备课技能、与学生互动的技能。技能固然要通过不断地训练获得，但是如果没有"教师人格"的支撑，所有训练都不能产生真正的效果。

所谓"教师人格"，首先是对教师职业的真心向往；其次是不分种族、社会地位、能力，真诚地爱每一个人；最后教师要公正对待每一个学生，不公正的教师伤害的不仅仅是学生的感情，而是动摇了教育最核心的目标。

——1987年国家年度教师 多娜·奥利弗（Donna H. Oliver） 北卡罗来那州 休治·卡明斯高中 生物教师

我最基本的教育信条是，我教的是一个完整的孩子，而不仅仅是他或她语言能力那一部分。只重视能力会毁掉教育的目的——透过一个人的思想走进他的世界，通过一个人的内心读懂他的自我。我努力和班上的每一个孩子建立联系，使所有人意识到自己的重要，意识到我对他们每个人以及他们所取得进步的珍视。

在我和学生共度的珍贵时光中，我致力于塑造他们的生命，以使他们在未来也能为社会作出积极、持久的贡献。我为学生创造不同的学习情景，提供许多机会去建构他们内在的学业和人格成长动力。我鼓励学生认识自身的不足，同时鼓励他们学会如何将不足转化为自己的优势。

——1990年国家年度教师 詹妮斯·盖贝（Janis T. Gabay）加利福尼亚州 朱尼帕罗赛拉高中 英语教师

无论使用何种评价手段、绩效方法，我觉得教师与学生的学习结果都有着莫大的关系。我们总是轻易将学生的失败归罪于破碎的家庭、智力不足或先前基础薄弱，但是所有这些批评指责都无益于帮助学生克服困难取得成功。如果我教室中的学生遭遇失败，我会感到是我个人的责任。虽然许多其他因素可能干扰学生的学业，但是身为教师的我们不能将这些因素视为自己的借口，去给学生贴上"孺子不可教"的标签。那样做，在职业上无异于自欺欺人，会让教师降低对自己的要求。

——1993年国家年度教师 特雷西·贝利（Tracey L. Bailey） 佛罗里达州 卫星高中 科学教师

近年来，美国农村学校许多改革模式已经开始显现效果。在这种小型学校中，不同年龄的孩子在同一个班级里学习数年，彼此之间像家庭成员一般，家长参与到课堂中来……

作为包班教师，我会连续11年教同一个班级，所以我有足够的时间去和每一个学生建立个人关系。我们的学校就像是一个社区、一个大家庭。我相信，无论身处偏远的阿拉斯加，还是繁华的纽约，我们都渴望在学校里营造一种社区的氛围。美国人正在以农村学校的模式改造城市学校，以获得这种社区的氛围。在小型的、个体化的学校里，学生可以得到有意义的、有用处的、和他们的经验相关联的教育。他们知道自己是谁、要去哪里、如何相处。

——1995年国家年度教师 艾莲·格瑞芬（Elaine B. Griffin）阿拉斯加州 奇尼亚克学校 包班教师

教育的绩效取决于学生离开学校走上社会后获得成功的比例，这与学生在进校第一年所取得的成功密切相关。

启蒙教师的责任在于帮助学生获得这些方面的成长：社会性、情感、身体健康、创造力和学业。我还有责任确保我教室中的孩子们建立起对教师的信任和对学习的乐趣，有责任潜移默化地教给他们得当的举止和公民技能。作为孩子们入学第一年的老师，我把学前教育定义为"发展和准备"年。我在课堂上的活动和教学方法必须适合这个年龄段的学生，必须以发展每个学生的能力为目标。

——1999年国家年度教师 安迪·鲍姆加纳（Andy Baumgartner）佐治亚州 布里恩·玛莉小学 学前班教师

帮助未来教师的一个途径是让他们将更多时间花在中小学校园里。有时候，大学的教育学院会组织学生到中小学进行几个小时的访问或课堂观察，但是他们并没有全面了解学校生活。也许，准教师可以在观察课堂时担任教师的助手，或者参与中小学生的课后辅导，这样一来，能够帮助他们更好地了解真实的教师职业和校园生活。培养未来教师的课堂应该从大学搬到中小学里。准教师们对他们即将开始的工作越了解，就会越有信心和能力为之做好准备。

——2000年国家年度教师 玛丽莲·瓦利（Marilyn Whirry） 加利福尼亚州 米拉科斯塔高中 十二年级英语教师

学生的学习是学校存在于世的理由。当前，美国公立学校系统接二连三受到批评，同时也被给予厚望解决前所未有的问题。标准、测验、绩效责任等议题反映了公众对教育的关切。当前，我们的社会对知识有了重新认识，教和学不再只是单纯地获得学科知识，也包括学习者对学科知识的建构。如果知识是运动、变化、流动的，今天的学习者必须更加具有灵活性。今日的学生必须学会分析问题、解决复杂问题、批判性地思考问题。今日的学校必须达到严格的、公众能够清晰了解的评价标准。

——2001国家年度教师 米歇尔·富曼（Michele Forman） 佛蒙特州 米德布里联合高中 社会学教师

我相信，每个孩子都是不同的，有着不同的学习方法和发展路径。作为教师，我的职责是尽最大努力为每一个孩子寻找适合他的方法和内容，以使他熟练掌握他所需的技能、获得社会和情感发展的支持。我自己的一年级老师曾说，"孩子们就像玫瑰花蕾，虽然它们开花的时间各不相同，但是最后绽放的那朵花一定和第一朵一样美丽。"这一理念被我写进了我的班级手册，18年来和一批又一批家长分享。

——2003年国家年度教师 贝西·罗杰斯（Betsy Rogers） 阿拉巴

马州 利兹小学 一至二年级教师

最佳的课堂管理技巧是把课上得真正吸引人。把课上得精彩，会解决你面临的很多管理问题。花时间仔细备课，让你的学生每天带着好奇走进教室。除此之外，对学生有一套明确的规则和要求非常重要。一定要确保他们都理解这些要求。仅仅有规则还不够，你必须教会他们遵守这些规则，并建立起赏罚分明的制度。

教学中最具挑战的，是找到办法让每一个学生都对上路。每一个学生都有其独特的学习风格和社会、情感关注点以及人格特征。作为教师，我的职责是尽可能地了解我的学生，以便能跟他们对上路，使教学能够有效地完成。

——2005年国家年度教师 詹森·卡姆拉斯（Jason Kamras） 华盛顿特区 约翰·菲利普·索萨初中 数学教师

之四：美国总统奥巴马给2014年国家年度教师的颁奖致辞

欢迎来到白宫。首先我要感谢一位充满难以置信的热情、专业、投入的领导者，他就是我们的教育部长阿尼·邓肯，一个每天早上醒来就会想三件事——他的家庭、篮球（笑声）以及如何给孩子们世界一流教育的那个人（掌声）。

我也想要感谢今天到场的国会议员们。我为他们的到来感到振奋，同样也为他们孜孜不倦地推动整个国会关注教育和教师的发展致以崇高的敬意。我更为今年全美国各个州的年度教师和国家年度教师的到来而激动不已，让我们对他们致以热烈的掌声。干得好！

这是多么令人瞩目的群体——最好中的最好。并且他们首先会说，他们来这里的理由只有一个，那就是他们周围这些出色的、每天只想倾其所有为学生付出的教师。今天借此机会，我不仅要向站在领奖台上的教师致谢，也要向全国的教师们道一声感谢。他们对于美国成功所起到的重要作用难以言表。感谢你们为我们的孩子、我们的国家所付出的努力。

虽然我已经离开学校有一段日子，但是对于那些让我知道了自己是谁，将世界带到我面前，让我感到自己应该有所贡献，让我发现一个全新自己的老师们仍然记忆犹新。我们都有这样的老师。跟成功的企业家、音乐家、发明家、运动员聊天，他们都会说起某位老师或某位教练如何启发他们，如何挑战他们，如何重视他们，如何鼓励他们的好奇心，如何探索新的领域和新的观念。每个人生命中都会遇到这样的老师。

伟大的教师都会这样做。他们把我们带到更好的路上，即使我们自身问题不断。老师们没有一日能够停下来——即使他们感到精疲力竭，即使在和自己的孩子一起度过的夜晚，即使脑子里还得想着账单或别的私人事情。一旦他站到讲台前，就要面对一双双充满渴望和信赖的眼睛。很多人不曾意识到，教育是何等耗费感情的职业，因为伟大的老师真的在乎他们的学生。

学生走出校门，你还是放不下他们所处的困境。你会为他们担心。你通常还是他们遇到麻烦和伤心事时求助的对象。有时候，即使学生不说，你也能看到他们心里在想什么。有时候，即使他们已经考上大学，还是会回来向你寻求一些小小的建议。

这种无所不包的承诺，这种对学生的爱，支撑着许多教师走下去。这就是为什么你们中的许多人自己掏钱购买班级用品。这就是为什么你能够占用夜晚和周末去思考让课堂活跃的新方法。这就是为什么你努力与学生家庭的建立联系。因为你想要保证，你教的每一个孩子无论在校内还是校外都得到了他们所需要的支持。

当老师是一份24×7的工作。但是，他们中的许多人却说，这个世界上没有什么比当老师更让人向往的。今天，站在这里的教师们所作出的这种承诺，每天都会在全国各地上演。现在，站在这里的有仅仅在几英里以外工作的教师，也有来自遥远的马里亚那群岛的教师。他们教学的范围从生物到特殊教育。将他们联结在一起的，是他们都想着如何激发学生最大的潜能，是他们工作中所表现的热情和创造力，是他们都拒绝按部就班和为考试而教。而他们有所区别的，是在他们持续不断的影响下，学生们精彩各异的人生。

这就是今天主要获奖者的故事，我们的2014年国家年度教师，西恩·麦康卜先生。

西恩还是一个高中生时，他经历过非常艰难的家庭问题，度过了一段对周围漠不关心、放任自流的日子。然后，他来到了舒尔茨先生的英语课堂，而舒尔茨先生恰巧是那种能改变一切的教师。他让西恩变得想要努力学习。当西恩的母亲去世时，舒尔茨先生给了西恩勇气去为妈妈念悼词。在舒尔茨先生的殷殷期盼中，西恩考入了大学。因此，西恩自己深知一位老师对孩子一生的影响力。正是因为有了舒尔茨先生做榜样，西恩让自己也成了一名英语教师。

今天，在帕塔帕斯科高中和巴尔的摩艺术中心，西恩和孩子们一起参加一个叫做"决定升级"的大学准备项目。它的服务对象正是像高中时的西恩那样有能力但需要推动才能发挥最大潜能的学生。该项目过去两届毕业生中，98%的人被四年制大学录取，而且他们比其他学生获得了更多的奖学金。

西恩的回报是，有一个学生跑来问他："你觉得我当老师怎么样？"当西恩问他想教什么学科时，他的学生说："那不重要，我只是想像你一样，每天带学生做有趣的事。"

西恩尝试传递给学生对彼此尊重和负责的观念。正如他的一个学生所说："我感觉不是自己一个人在学习，而是在向每一个人学习。"西恩自己也为学生做出了榜样。在他的年度教师申请材料中，一位家长在推荐信中这样写道："（我的女儿）在学校经历着典型的青春期症状，有时候感到对学校和生活很沮丧。我们向西恩老师寻求帮助，希望把她拉回正轨。无论他的日程安排得多满，只要他知道他的学生需要帮助，他都会伸出援手。"

西恩的申请论文中，有一个形象的比喻，正是他和所有来到这里的老师们努力实现的。他说，每一个孩子心里都有一块看不见的黑板，这块黑板会伴随他们一生。有人在上面写下爱和支持，有人在上面写下消极和怀疑。教师的职责是擦掉那些负面信息，写上关怀的话语，鼓舞他们的信心和对其价值的肯定。今天的学生可能不知道"黑板"为何物，但是他们肯定知道老师给予他们的将伴随他们一生，因为老师很重要。

米歇尔和我在跟学生谈话时，常常会告诉他们，教育是一条双向车道。我们的责任是为学生提供好的学校和老师，而学生的责任是完成家庭作业、努力学习、做到最好。民众选举出来的人需要确保教师和学区拥有他们做好工作所必需的资源。自从我入主白宫，教育一直是投入的优先领域。而我们所有人的共同责任是确保我们正在鼓励孩子们的、正在读给他们听的、正在教给他们做的是健康的、成功的习惯，确保他们今后走上正确的求学、就业乃至作为一个公民的人生之路。

教师们每天努力工作，启发学生的心智，他们同样值得获取我们的支持。因为他们正在为我们的孩子做好准备，去应对未来一代需要面临的各种挑战。

所以，我深深地为西恩和所有今天到场的老师们感到骄傲。西恩，我肯定，舒尔茨先生也一样会为你感到骄傲。所有今天走进白宫的老师，以及数百万在全美国各个教室中辛勤工作的老师们，我也要感谢你们。你们在做着一份神圣的工作。带着这份感谢，我现在将水晶苹果颁发给西恩。

二〇一四年五月一日

图书在版编目(CIP)数据

与美国国家年度教师面对面 / 高靓著. -- 福州：福建教育出版社, 2014.11（2015.8重印）

ISBN 978-7-5334-6476-9

Ⅰ.①与… Ⅱ.①高… Ⅲ.①优秀教师-生平事迹-美国-现代 Ⅳ.①K837.125.46

中国版本图书馆CIP数据核字（2014）第128532号

Yu Meiguo Guojia Niandu Jiaoshi Mianduimian
与美国国家年度教师面对面
高靓 著

出版发行	海峡出版发行集团
	福建教育出版社
	（福州梦山路27号 邮编：350001 网址：www.fep.com.cn
	编辑部电话：010-62027445
	发行部电话：010-62024258 0591-87115073）
出 版 人	黄　旭
印　　刷	福州华彩印务有限公司
	（福州市福兴投资区后屿路6号 邮编：350014）
开　　本	720毫米×1000毫米　1/16
印　　张	14
字　　数	162千
插　　页	2
版　　次	2014年11月第1版　2015年8月第3次印刷
书　　号	ISBN 978-7-5334-6476-9
定　　价	32.00元

如发现本书印装质量问题，请向本社出版科（电话：0591-83726019）调换。